Peter Kensok

Best of
www.buecher-blog.net

Buchempfehlungen der Redaktion Globalscout

Band 6

 Verlag

Bibliografische Information der Deutschen Nationalbibliothek
Die Deutsche Nationalbibliothek verzeichnet diese Publikation in
der Deutschen Nationalbibliografie; detaillierte bibliografische
Daten sind im Internet über http://dnb.d-nb.de abrufbar.

1. Auflage 2014

ISBN 978-3-944264-84-4

© 2014 Südwestbuch Verlag
Gaisburgstraße 4 B, 70182 Stuttgart
Printed in Germany

Idee und Konzept: Peter Kensok, Stuttgart
Herstellung: Julia Karl, Oberrot / www.juka-satzschmie.de

Druck und Bindung: E. Kurz + Co., Druck und
Medientechnik GmbH, Stuttgart, www.e-kurz.de
Dieses Buch wurde auf chlor- und säurefreiem Papier gedruckt.

www.swb-verlag.de

Inhalt

E-Mail: redaktion@buecher-blog.net
Internet: www.buecher-blog.net und www.globalscout.de

Vorwort

Es ist interessant, wie sich bei der Zusammenstellung der Bücher für die »Best of www.buecher-blog.net«-Reihe die Titel um einen thematischen Kern herum entwickeln. So sind es im aktuellen Band eigentlich nur zwei Bücher, die sich ausdrücklich um das Thema Reisen und andere Kulturen kümmern.

Agnieszka Kowaluk sucht die Orientierung zwischen ihrer polnischen Herkunft und dem Leben in Deutschland. Sabine Thiesler dagegen hat nach Jahren die Nase voll vom schönen Italien und bekennt sich zu den Strukturen und Verbindlichkeiten, die es in Deutschland noch immer gibt. Meistens jedenfalls.

Andererseits erfahren wir dieses Mal gerade in den Spannungs-Büchern viel über andere Länder. Ob es der Thriller um eine Wahl in Schweden aus der Hand des ehemaligen Politikers Thomas Bodström ist oder »Kolibri« von Kati Hiekkapelto über eine Ermittlung unter Immigranten und Flüchtlinge in Finnland – wir lernen zwischen den Zeilen viel über die Menschen aus anderen Ländern, ihre Art zu denken und in der Begegnung mit Vertretern anderer Kulturen zu handeln.

Dass es darüber hinaus noch immer auch »klassische« Reisejournalisten gibt, dafür steht das Interview mit Ole Helmhausen, der für deutsche Medien seit vielen Jahren aus Kanada berichtet.

Gerade durch den Spiegel des (scheinbar) Fremden werden uns auch unsere eigenen Baustellen bewusst. Wie gehen wir mit wirtschaftlichen und persönlichen Entwicklungen um, mit neuen Beziehungsmodellen, dem Thema Freundschaft? Nicht alles würde uns bewusst ohne Autoren, die den Mut haben, über Angenehmes und Unangenehmes zu schreiben.

Ich wünsche Ihnen viel Spaß beim Lesen!

Peter Kensok

Ratgeber

Wenn Michael Bartz und Thomas Schmutzer Recht behalten, dann erkennen wir in wenigen Jahren die Welt der Arbeit nicht mehr wieder. »New World of Work« heißt ihr Buch, in dem sie sowohl theoretisch als auch an einem praktischen Beispiel zeigen, wie die Zukunft in den Unternehmen aussehen wird.

Dazu passt, dass sich nicht jeder auf solche Veränderungen einlassen mag, wie Heiner Reinke-Dieker in »Vorsicht! Rigidität« berichtet. Wie Innovation aus dem Inneren eines System heraus möglich werden kann, darum geht es in Bernd und Ulrike Bucks Buch »InnerInnovation«. Jammern allein hilft jedenfalls nicht, sagt Margit Hertlein und bietet Ansätze für Gegenmittel mit Humor, wenn einem alles einmal zu viel sein sollte. Coaching wäre hier auch ein anderer Ansatz. Oliver Bartels und Kerstin Wundsam stellen in »Mein erstes Mal« zusammen, worauf Ratsuchende und (!) Coaches achten sollten, wenn das Selbstcoaching an seine Grenzen stößt.

Dieses Ratgeber-Kapitel kümmert sich auch um die Veränderung von Beziehungen. Ist es also wirklich gut, sich für die Karriere gegen den Schwarm zu verhalten, wie Matthias Kolbusa empfiehlt? Oder gehen dabei am Ende sogar Freundschaften zu Bruch? Was Freundschaft im Lauf der Geschichte bis zu den sozialen Medien von heute bedeutet, darum kümmert sich die Philosophin Ina Schmidt.

Gut gefallen hat mir rund um das Thema Laufbahn und Erfolg Hans-Uwe L. Köhler mit »Hau eine Delle ins Universum«. Er plädiert dafür, sich statt auf den Erfolg auf das Gelingen zu konzentrieren und dadurch das eigene Streben zu entlasten. – Das dürfte auch in der neuen Welt der Arbeit möglich sein.

Michael Bartz, Thomas Schmutzer
»New World of Work«

Ganz im Stile der »Minuten-Manager«-Reihe begleiten Michael Bartz und Thomas Schmutzer ihre Leser an den Arbeitsplatz der Zukunft und stellen ein Unternehmen auf die neue Zeit ein. Dass ihre Prognosen richtig sein können, belegen sie in »Factboxes« und in Interviews mit realen Managern.

Die Zukunft der Arbeit beginnt jetzt

Wenn schon eine neue Zeit beginnt, dann muss sie auch neu heißen: »New World of Work«. Schließlich geht es demnächst noch internationaler zu. Es wird möglich ein, jederzeit rund um die Uhr zu arbeiten – oder es zu lassen –, weil der nächste Produktionsschritt gerade am anderen Ende der Welt erfolgt. Die Endkunden wollen zudem rund um die Uhr betreut werden, schließlich sind sie auch selbst jederzeit erreichbar und erwarten das Gleiche von ihrem Service.

Betrachtet man die Arbeitswelt aus den Augen von Michael Bartz und Thomas Schmutzer, dann bleibt kein Stein mehr auf dem anderen. Ich persönlich mag froh über die Jetztzeit mit ihren mehr oder weniger starken Verbindlichkeiten in der Arbeitswelt sein. Aber selbst die bröckeln bereits heftig. Es wird Zeit, dass mich »New World of Work« beruhigt; den Versuch jedenfalls war es wert. Die Autoren zeigen, dass die grundlegenden Veränderungen der Arbeitswelt auch eine Chance sind und jetzt die richtige Zeit ist, den Arbeitsplatz der Zukunft zu gestalten.

Also lernen wir Viktoria Frey kennen, die Geschäftsführerin eines alteingesessenen Industriebetriebs und führenden Anbieters in vielen Business-to Business-Märkten. Plötzlich verliert das Unternehmen den Auftrag eines langjährigen Kunden. Viktoria Frey begibt sich auf die Suche nach den Ursachen. Gemeinsam mit anderen Managern des Unternehmens erkennt sie nach und nach, dass der verlorene Auftrag nur die Spitze des Eisbergs war und weitaus größere Herausforderungen auf das Unternehmen warten.

Sagen wir so: die jeweils neuesten Smartphones, Tabletts und Laptops schaden jedenfalls nichts. Die Unternehmen sollten sich darauf einstellen, dass ihre Mitarbeiter jederzeit irgendwo arbeiten werden – nur nicht im Büro, denn das entfällt. Sie werden im Idealfall geschäftlich ihre privaten Apps nutzen wollen, denn auf die sind sie am besten konditioniert. Die Sicherheitstechnologien werden deshalb komplizierter werden, weil sich so mancher Mitarbeiter vom Urlaub oder aus dem Schwimmbad einloggt und dafür mitten in der Nacht nach dem letzten Abtanzen noch eine Stunde im »Betrieb« einlegt.

Den Trend, so mein Eindruck, bestimmen nach Michael Schmitz/Thomas Schmutzer, die User. Statt sie in die Firma nach den dortigen Möglichkeiten einzubinden, werden die Unternehmen nur noch qualifizierte Leute bekommen können, die sie ohne Wenn und Aber mit all ihren Daddel-Spleens akzeptieren. Erfolgreich arbeiten werden sie nur dann, wenn sie ihren privaten Verkehr in den sozialen Medien ebenfalls verfolgen können.

»New World of Work« beschreibt ein spannendes Szenario, das uns vor allem durch die neuen Medien aufgeschwungen wird. Unternehmen, die diesen Trend verpassen, drohen auf der Strecke zu bleiben. Was Michael Bartz und Thomas Schmutzer allerdings unterlassen, das ist die Frage, ob diese neue Arbeitswelt wirklich auch eine neue Lebensqualität bedeutet. Wer rund um die Uhr jederzeit über seine »Electronic Devices« existiert, hat irgendwann keine Ahnung mehr, wie Blumen riechen und wird zu dem, was der Ulmer Hirnforscher Manfred Spitzer als »digital dement« bezeichnet. – KEN.

Gebundene Ausgabe: 192 Seiten; Linde Verlag, Wien;
ISBN: 978-3-709305-35-5

Heiner Reinke-Dieker
»Vorsicht! Rigidität«

Angenommen, Sie würden sich selbst als »Unternehmen« begreifen. Als ein System mit vielen Facetten und Persönlichkeiten, beziehungsweise Persönlichkeitsanteilen. Spätestens dann könnten Sie sich in diesem Buch nicht nur mit Ihrem Unternehmen wiederfinden, sondern auch mit Ihren »ach so unwesentlichen« Starrheiten, die möglicherweise Ihre persönliche Entwicklung blockieren.

Wenn falsche Vorstellungen unverrückbar werden ...
Vielleicht ist das die einzige Schwäche von »Vorsicht! Rigidität«: Heinrich Reinke-Diekers beschränkt sich auf Unternehmen, die unangenehme Wahrheiten und unerwartete Möglichkeiten ausblenden. Rigidität bedeutet vor allem, Bestehendes als bisher und damit für dieses Leben beste Lösung anzunehmen und sich gegen jede Änderung zu vernageln. Das ermöglicht jedem Mitarbeiter im Unternehmen – sogar in einem kritikoffenen Lösungsgespräch – den Status quo zu verteidigen. Die Chronifizierung des Bestehenden als Normalfall infiziert jedoch die gesamte Organisation, selbst wenn sich die wirtschaftliche Umgebung und die Ausgangsbedingungen vollkommen verändert haben sollten und jede Sperrung gegen Veränderung unsinnig ist.

Da die früheren Möglichkeiten für eine Veränderung zum Zeitpunkt des eigenen Antritts angemessen waren, beharren Mitarbeiter eines Unternehmens auf Lösungsstrategien, mit denen sie sich »damals« identifiziert haben. Rigidität schließt jedoch ein, dass sich die Bedingungen von heute im Vergleich zu denen von damals verändert haben. Die Lösungsansätze haben diese Entwicklung nicht zwangsweise mitgemacht. Die Gegenmittel für damals helfen nicht mehr, weil das »Damals« so nicht mehr existiert.

Was jedoch überlebt hat, sind Kompetenzen, mit denen sich im Unternehmen rigide Mitarbeiter« nach wie vor identifizieren: Identität schlägt Kompetenz plus Fähigkeiten plus Verhaltensweisen. So erleben sich »rigide« Mitarbeiter. So war es allerdings vielleicht einmal ziemlich nützlich zu wissen, wie man ein Pferdefuhrwerk aus dem Schlamm führt.

Dieses Wissen ist an sich richtig. Aber allein darauf zu beharren wäre ein Fehler, wenn inzwischen allradgetriebene Geländefahrzeuge mit Hybridantrieb die zeitgemäße Lösung sind. Die Lösung selbst lässt sich also nicht übertragen. Die Lösungskompetenz für ein ähnlich geartetes Problem ist nach Heiner Reinke-Diekers Ausführungen jedoch eine wertvolle Ressource für jeden Unternehmer.

Heiner Reinke-Dieker hilft uns, in »Vorsicht! Rigidität« die vermeintliche Erstarrung – und Beharrlichkeit – der Mitarbeiter im Unternehmen zu verstehen. Er zeigt sich dabei als großartiger Mediator zwischen dem, was gestern als Lösungsansatz berechtigt war, und dem gleichen Anspruch unter veränderten Bedingungen der Gegenwart für die Zukunft. Ihm gelingen als Ergebnis Strategien, die wertschätzend mit den ursprünglichen Absichten verfahren.

Angenommen, die ursprünglichen Lösungskompetenzen ließen sich in aktuelle Herausforderungen einbinden, dann wären die »rigiden« Anteile des Systems eine seiner großartigsten Fähigkeiten. An dem Punkt angekommen, ist die Beschränkung auf Unternehmen in diesem Buch selbst schon eine Form der Rigidität, denn das Große verkörpert sich auch im Kleinen. Wie rigide ist eigentlich das Unternehmen »Du«?

»Wir müssen uns unseren Selbstwert bestätigen, obwohl wir niemals perfekt sind und ständig Fehler machen. Das ist möglich, wenn wir die Fähigkeit zur Fehlererkennung und zur Korrektur als Stärke anerkennen. Wir können somit eine Kultur der stolzen Veränderung schaffen«, sagt Heiner Reinke-Dieker. Das klingt großartig für Unternehmen und auch für jeden, der sich die Frage stellen mag, wie rigide eben nicht nur die standardmäßig anderen sind, sondern auch sie selbst als Person.

»Erfolg ist nicht so sehr das bisher erreichte Ergebnis, sondern die Fähigkeit, neue Ergebnisse zu schaffen und vor allem sich die Offenheit für Veränderungen zu erhalten«, setzt Reinke-Dieker fort. Diese Erkenntnis in das persönliche Weltbild zu integrieren, ist eine Chance, sich für Neues zu öffnen und neue Umstände zu gestalten statt lediglich solange darauf zu reagieren, wenn sie einen eingeholt haben.

»Vorsicht! Rigidität« fordert meiner Meinung nach nicht nur Unternehmen heraus, sondern jeden, der sich in seiner beruflichen und nicht beruflichen Umwelt als Teil irgendwelcher Formen von »Unternehmen« versteht. – KEN.

Heiner Reinke-Dieker
»Vorsicht! Rigidität«
Broschiert: 192 Seiten; Literatur-VSM, Wolkersdorf;
ISBN: 978-3-902155-19-1

Bernd und Ulrike Buck
»InnerInnovation«

»InnerInnovation« ist ein rundum künstlerisches Buch. Innovativ und aus dem kreativen Inneren der Geschwister Ulrike und Bernd Buck entstanden, die das Buch verfassten und gestalteten: Kongruenz statt Konkurrenz. Echt durch und durch statt Untergang im Wettbewerb.

Innovationen aus eigenem Anbau

»Das Kreativhandbuch für systemisches Innovationsmanagement« ist sowohl kreativ als auch innovativ und systemisch. Den Autoren gelingt es, jedes ihrer Subthemen auf einer Doppelseite zusammenzufassen, und sie haben einen Weg gefunden, diese Teile dann mit allen anderen im systemischen Netz zu verlinken. So entsteht ein insgesamt dreidimensionales Gebilde. Cool für ein Buch und ein Thema, das ansonsten eher über den innovativen Einzelimpuls wahrgenommen wird.

Die für mich wichtigsten Anregungen für innovative Unternehmen sind, dass sie einen kreativen Raum für innovative Einsatztruppen von etwa acht Mitgliedern mit unterschiedlichen psychologischen Talenten einrichten. Darin gibt es einen Tisch als gemeinsamen Arbeitsbereich und vier Wände, die großzügig mit Ideen zugeklebt werden können.

Hier hängen die Ergebnisse des ersten Brainstormings ebenso wie die Notizen zum vorgestellten Abnehmer als Repräsentant der Zielgruppe, die Auflistung seiner Bedürfnisse mit den entsprechenden Ergänzungen und die Ergebnisse der Testphase für das Produkt bis hin zu den dazugehöriger Entscheidungen.

Die Autoren teilen ihren InnerInnovation-Prozess in zehn Schritte auf:

– Informationen über Möglichkeiten
– Informationen über Bedürfnisse
– Ideen zu Bedürfnissen
– Ideen zu Möglichkeiten
– Lösungsansätze
– Entscheiden

- Prototyping
- Testing
- Präsentieren
- Lernen

Von Schritt zehn geht es weiter zu Schritt eins auf der nächsten Windung der Spirale: »Informationen zu Möglichkeiten«.
Ich persönlich fand den praktischen Teil am spannendsten. Interessant waren auch die Grundlagen zu Kreativität, Innovation und Bildung eines Kreativteams auf der Basis der Entwicklungen von Katherine Myers und ihrer Tochter Isabel Myers-Briggs (»MBTI«). Weiter hinten gingen mir die Begriffe wie »Effectuation«, »Lean Startup«, »Pretotyping«, »Design Thinking«, »Agile Development«, »Appreciative Inqiry«, »Flowteam-Methode« auf die Nerven. Mit meinem Englisch komme ich ganz gut durch, selbst mit deutschem »ti-eitsch«. Trotzdem ich will meinen Verstand nicht mit irgendwelchen verbalen Abgrenzungsstrategien der Werbebranche belasten. Und das muss ich nach Buck und Buck übrigens auch gar nicht.
Den beiden gelingt es, auch in ihrem Buch unterschiedliche Strukturen zu bedienen, damit am Ende die maximale Vernetzung im Netz der Begabungen möglich ist und alle Beteiligten den kreativen Raum bestmöglich nutzen können. Ich wäre im real existierenden Möglichkeitsbereich ein Verteter der eher praktisch orientierten Teammitglieder. Das ist willkommen, weil in einem richtig guten Kreativteam eben nicht nur über Möglichkeiten sinniert wird, sondern irgendwann ein Boot zu Wasser gelassen und dann bestenfalls noch optimiert werden sollte.
Ulrike und Bernd Buck werfen nach diesem Motto ihre unterschiedlichen Begabungen in einen Topf. Fast so als kämen hier die linke (logischsprachliche) und die rechte (emotional-bildhafte) Gehirnhälfte zusammen. Dass sie Bruder und Schwester sind, zeigt, dass man sich ziemlich nahe, unterschiedlich begabt sein und doch wunderbar kooperieren kann. Das funktioniert allerdings nur mit der entsprechenden Moderation, die ein klares Ziel im Sinn hat, zum Beispiel ein mutiges Buch wie dieses.

Das Systemische ist damit von vornherein mit im Spiel. »InnerInovation – Innovationen aus eigenem Anbau« heißt, dass ein Unternehmen die kreativen Möglichkeiten seiner Mitarbeiter ausschöpfen kann, wenn der kreative Raum erst einmal eingerichtet ist. Dann braucht es eine Moderation von außen nur noch, wenn die Karre einmal wirklich unverrückbar festgefahren ist. – Ein sympathisches Buch, in dem die Autoren uns vorleben, was sie sagen. – KEN.

Bernd und Ulrike Buck
»InnerInnovation«
Gebundene Ausgabe: 160 Seiten; Literatur-VSM, Wolkersdorf;
ISBN: 978-3-902155-20-7

Stefanie Demann
»Selbstcoaching für Führungskräfte«

Stefanie Demann ist Business-Coach, Kommunikations- und Vortragsrednerin. Sie ist bereits Autorin von zwei anderen Selbstcoaching-Büchern für Führungskräfte. Dass sich das Thema hält, damit hatte ursprünglich kaum jemand gerechnet, selbst die Autorin, Mutter von drei Kindern, Selbstständige und Unternehmerfrau nicht.

Mit Selbstcoaching eine Führungspersönlichkeit werden

Stefanie Demann nennt die besseren Führungskräfte »Selbstcoacher«. Nach dem Abspann zum Buch führen gute Führungskräfte einfach so, wie sie selbst geführt werden wollen. Das fasst es ganz gut zusammen. Sie sind damit die besten Vorbilder für ihre Mitarbeiter, überzeugen durch Lernbereitschaft, Offenheit und Transparenz, überlassen ihren Mitarbeitern Verantwortung, erlauben Fehler als inspirierende Quelle für mögliche Innovationen. Und sie steigern die Produktivität, indem sie Leistungsbereitschaft »nicht verordnen, sondern freisetzen«.

Das ist in Ordnung so. Mit den Rezepten für den Weg zur idealen Führungspersönlichkeit tue ich mich dagegen schwer. Ich stelle mir meine Klienten aus den Führungsetagen vor, die sich neben ihrer normalen Tätigkeit aus dem Demann-Buch die entscheidenden Methoden herausfiltern sollen. Lediglich die Grundtechnik ist dabei deutlich: Finde heraus, was du dir wünschst, setze es auf einer Skala von eins bis zehn bei totaler Erfüllung auf zehn, markiere deinen aktuellen Standpunkt und entscheide, wie du die Differenz ausgleichen kannst.

Erst auf den letzten 30 von knapp 210 Seiten wird Stefanie Demann meiner Meinung nach wirklich praktisch. Es gibt eben unterschiedliche Kommunikationsstile für Führungskräfte – von duldsam und kooperativ bis klar direktiv. Und es macht einen ziemlichen Unterschied, ob jemand problem- oder lösungsorientiert führt und bei Letzterem seine Mitarbeiter einbindet.

Ansonsten finde ich in »Selbstcoaching für Führungskräfte« bestätigt, dass die meisten Führungskräfte zwar eine formale »Kompetenz« zum Beispiel aufgrund ihrer Studienabschlüsse haben, darüber hinaus aber überhaupt nicht wissen, wie sie Mitarbeiter führen sollen.

Selbst im Umgang mit sich selbst müssen sie zur Selbstreflexion angeleitet werden – vielleicht mit Demanns Buch zum ersten Mal in ihrem Leben. Sie fangen bei null an und greifen damit herzlich gerne zu jedem Strohhalm, der die Frage nach dem Unterschied von »Standard oder Spitze?« für Führungskräfte zu beantworten scheint.

Stefanie Demanns dritter Titel zum Thema lässt mich besorgt zurück, als Coach-Kollegen ebenso wie als Konsument, der von den Folgen der mangelnden Führungskompetenz gegenwärtiger und zukünftiger Führungskräfte betroffen ist und weiterhin sein wird. Was, wenn inhaltlich nur fähig ist, wer auch die Arbeit in den Produktionsstätten und damit auch die besten Lösungen zu aktuellen Problemen kennt? Können die mittelfristigen Führungskräfte das? Und was, wenn unsere Führungskräfte sich bei ihren sozialen Kompetenzen vor allem auf ihre Erfahrungen in den sozialen Netzwerke berufen müssen?

Auch Stefanie Demann geht darauf ein, dass zukünftig Mitarbeiter vor allem dann gut sein werden, wenn man ihnen ihre elektronischen Spielzeuge und die Reihenfolge von erst die Unterhaltung und dann die beruflichen Verpflichtungen lässt. Das erfordert andere Lösungen als nur den einfachen Verweis auf das, was zu kommen droht.

»Selbstcoaching für Führungskräfte« versucht Antworten zu geben. Das führt dazu, dass Prioritäten setzen statt weiter multizutasken bereits ein guter Tipp ist. »Impostor-Syndrom« heißt auf diesem Niveau, dass eine Führungskraft vor allem weiß, dass sie eigentlich nichts weiß und jederzeit befürchten muss, dass ihre Umgebung das ebenfalls erkennen könnte. Die Maske könnte also fallen und die vermeintliche Führungskraft ziemlich nackt dastehen lassen.

Da wären Lernbereitschaft, Offenheit und Transparenz zumindest ein guter Einstieg. Hier könnte das Stefanie-Demann-Buch tatsächlich eine Starthilfe für eine Laufbahn als bessere Führungskraft sein. Zugunsten übrigens auch einer nachhaltigeren Produktivität. – KEN.

Stefanie Demann
»Selbstcoaching für Führungskräfte«
Gebundene Ausgabe: 216 Seiten; GABAL Verlag, Offenbach;
ISBN: 978-3-869366-03-6

Oliver Bartels, Kerstin Wundsam
»Mein erstes Mal«

Ein Klient hat ein Thema rund um den Komplex Burnout. Ein ziemlich ausgebuchter Coach möchte den Termin mit dem Klienten »irgendwo dazwischen schieben«. Kein guter Start für das erste Mal. Worauf Coaches und ihre Klienten achten sollten, damit Coaching etwas verändern kann, darum geht es in diesem Buch von Oliver Bartels und Kerstin Wundsam.

Was Coaching alles verändern kann

Coaching ist kein Geschäft, sondern eine Haltung. Diese Einstellung prägt den Inhalt des Buches »Mein erstes Mal«, egal ob es das erste Gespräch oder aber den Abschluss eines Coaching-Prozesses darstellt. So sollte der Coach wirklich Zeit für seine Klienten haben und hundertprozentig für ihn da sein.

Eben weil Coaching eine Haltung ist, steht sie nicht nur dem professionellen Coach zu. Auch Führungskräfte – und das sind nicht nur Vorgesetzte, sondern meiner Meinung zum Beispiel auch Lehrer, Eltern, Trainer – können jenseits eines formellen Coachings diese Haltung leben. Im Idealfall geben sie keine Ratschläge, sondern leiten die Klienten über Fragen zu Lösungen an. Führungskräfte wie professionelle Coaches achten vor allem auf den Prozess und müssen sich dabei weniger um den Inhalt kümmern. Der ist dem Klienten innerhalb seiner Lebensumstände ohnehin vertrauter.

Dass das möglich ist, zeigen Beispiel zu »blinden«, inhaltsfreien Coachings, wenn ein Coach eine ganze Gruppe über Fragen anleitet, deren Mitglieder jeweils unterschiedliche Themen bearbeiten – und dabei tatsächlich zu Lösungen kommen. Dieses Bild vom »lethologischen Arbeiten« finde ich sehr schlüssig, auch wenn es immer wieder vorkommen mag, dass die eigene Neugier sich doch zu sehr in den Vordergrund stellt. Die hohe Kunst des Coachings aus dem »Nicht-Wissen« heraus ist eine dauernde Herausforderung, ein Weg statt ein Ziel – für den Coach.

Die Grenzen zwischen Coaching und anderen Formen der Beratung sind indes fließend. Oliver Bartels und Kerstin Wundsam sind dagegen ziemlich klar: »Wenn Supervision drin ist, nennen Sie es nicht Coaching. Wenn Ratschläge drin sind, nennen Sie es nicht systemisch-konstruktivistisches Coaching. Wenn Psychotherapie drin ist, nennen Sie es nicht Coaching.« Auch ein One-Night-Stand sei schließlich keine Ehe, und man sollte die Ehefrau auch nicht Mutti nennen.

Die Spielregeln für ein gelungenes Coaching finde ich in diesen Punkten gut zusammengefasst.

- Ein Coaching-Prozess braucht stets klare Ziele.
- Coaching braucht keinen Expertenratschlag, wenn Menschen alles zur Lösung in sich tragen.
- Coaching brauch keinen Expertenratschlag, wenn Menschen ihre Situation einzigartig (für uns nicht nachvollziehbar) wahrnehmen und verarbeiten
- Die Wege zur Lösung und alles, was dafür nötig ist, entwickelt der Coaching-Klient selbst.

Das klingt fast schon nach Maria Montessori: »Hilf mir, es selbst zu tun.« Tatsächlich geht Coaching noch weiter: »Hilf mir, die Lösung selbst zu entdecken, die ich dann selbst tun werde!« Schon Ratschläge, die der Coach dabei gibt, könnten sind Klienten mehr belasten, als dass sie zur Lösung beitragen.
Und wie soll ein erfolgreiches Coaching enden? Sollen wir unser Klienten also tatsächlich fragen, ob sie ihre Lösungen aus dem Coachingprozess umgesetzt haben?
Auch die Neugier auf das Ergebnis eines Coachings unterliegt der inneren Haltung. Wenn der Klient wirklich die volle Verantwortung für den Prozess hat, dann sollten wir als Coaches unsere Neugier überwinden und die Rückmeldungen freiwillig sein lassen – als Angebot gewissermaßen. In meiner eigenen Praxis hat sich gezeigt, dass manche Klienten durch ein gelungenes Coaching ihr Problem schlichtweg vergessen kön-

nen. Das Ergebnis allein beim Klienten zu lassen, ist eine Frage des Respekts und der Wertschätzung.

»Mein erstes Mal« ist ein Buch mit einer gewissen Dauer. Selbst gestandene Coaches sollten sich ab und zu daran erinnern, dass ihr erstes Mal vielleicht lange zurückliegt, für ihre Klienten dieses Coaching aber eben genau das erste Mal sein kann. Oliver Bartels und Kerstin Wundsam, die diese Texte für ihr Buch zusammengetragen haben, beschreiben die Perspektiven des Coaches ebenso wie die des Klienten. Sie bieten einen gelungenen Leitfaden rund um eine Haltung, mit dem Coaches vieles verändern können.

Kein Klient kommt ins Coaching, wenn er nicht wirklich einen Bedarf an Veränderung hat. Trotzdem können Coaches relativ entspannt bleiben, wenn sie sich bewusst sind, dass die Lösung im Klienten selbst liegt und er damit auch die Verantwortung für das Ergebnis trägt. Hohe Professionalität als Coach zeichnet sich dadurch aus, dass man seinem Klienten gegenüber deshalb nicht gleichgültig wird, sondern ihn verantwortungsvoll bei der Lösung begleitet. – KEN.

Oliver Bartels, Kerstin Wundsam
»Mein erstes Mal«
Broschiert: 220 Seiten; Literatur-VSM, Wien;
ISBN: 978-3-902155-13-9

Margit Hertlein
»Raus aus dem Jammersumpf«

Margit Hertlein meint es ernst mit ihrem Mittel gegen den ach so deutschen Jammersumpf. Sie empfiehlt uns Neugier. Neugierige sind schnell auch begeistert, denken kreativ um die Ecke und damit raus aus dem Jammersumpf.

Dranbleiben leichtgemacht – Heiter und humorvoll ans Ziel!

Auch wenn Margit Hertlein ihn nicht direkt zitiert, tröstet sie uns mit einer Motivationsschleife, wie sie Klaus Grochowiak und Katja Dyckhoff 2001 in »Der Neugier-Erfolgs-Loop« beschrieben haben. Wie die beiden NLP-Lehrenden findet auch Hertlein, dass einer Neugier-Phase mit einer beachtlichen Anfangsbegeisterung eine Phase mehr oder weniger radikaler Ernüchterung folgt. Diese durchzustehen, erfordert Ausdauer und mündet schließlich im Erfolg, der dann wieder den Schwung für die nächste Runde Neugier mit sich bringt.

»Letztlich ist es bei der Neugier genauso wie beim Joggen. Es gibt unterschiedliche Veranlagungen – der eine ist mehr, der andere ist weniger talentiert –, aber Training hilft in jedem Fall, seine Fähigkeiten zu verbessern«, verspricht die Jammersumpf-Expertin. Margit Hertlein ist als dickliches Kind mir ihrer Neugier immer wieder angeeckt und erfüllt damit wichtige Startbedingungen für ein Leben im Jammersumpf. Es kam aber alles ganz anders. Ihr Leben ist eine Geschichte voller Strategien für ein freudvolleres Dasein, die Margit Hertlein in »Raus aus dem Jammersumpf« mit uns teilt.

Warum wir stammesgeschichtlich eher zum Jammersumpf veranlagt sind, hat nach Hertlein mit den Reptilienanteilen unseres Gehirns zu tun. Krokodile lachen eben nicht. Werden wir vor allem in den limbischen Anteilen unseres Denkorgans irritiert, geht das mit Frust und Unlust einher, der Bereitschaft zu kämpfen, zu flüchten oder zu erstarren.

Jammern hilft in Situationen, die wir als bedrohlich empfinden, soziale Kontakte herzustellen und sich ein bisschen Nestwärme zu sichern, die es auf Facebook & Co so nicht gibt. Allerdings täte es Anerkennung genauso gut. Was das betrifft, ist Deutschland noch immer eine »Sahelzone« (Hertlein). Anerkennung ist ein aller Ehren wertes Ziel, das genügend Energie für die nächste Neugier-Erfolgs-Schleife liefert.

Auch Humor hilft. Dass Katzen nach Margit Hertlein am liebsten in einem »Miezhaus« wohnen, fand ich zumindest heiter. »Die Leute müssen Quatsch machen dürfen«, zitiert die Autorin den finnisch-US-amerikanischen Linux-Entwickler Linus Benedict Torvald. »Spaß und Lachen sind unerlässliche Voraussetzungen für gutes Programmieren.« – Das klingt ziemlich undeutsch und droht einer Fehlerkultur in der Arbeitswelt Tür und Tor zu öffnen. Nach Margit Hertlein hilft es jedoch, neugierig zu bleiben, zu stürzen und trotzdem immer wieder aufzustehen. Und diese Fähigkeit unterstützt uns auf dem Weg »raus aus dem Jammersumpf«. – KEN.

Broschiert: 256 Seiten; Ariston Verlag; München;
ISBN: 978-3-424201-01-7

Matthias Kolbusa
»Gegen den Schwarm«

Der Erfolg des Einzelnen – oder seines Teams – braucht immer auch den Schwarm, um sich von ihm unterscheiden zu können und von ihm wahrgenommen zu werden. Matthias Kolbusa plädiert dabei vor allem dafür, aus eigener Kraft erfolgreich zu sein und den Widerstand zu ertragen.

Aus eigener Kraft erfolgreich werden
»Schwarm« ist kuschelig: im Fußballstadion, im Unternehmen, auf Reisen, am Büfett. Im Schwarm zu sein bedeutet dazu zu gehören für den Preis der Kontrolle durch den Schwarm und die Übernahme von Standards, die nie die eigenen waren – oder die es schon lange nicht mehr sind. Matthias Kolbusa zitiert Beispiele aus dem Berufsleben, in denen Mitarbeiter auf ihr Potential verzichten und lieber in der Gruppe unglücklich sind als sich selbstständig zu machen.
Schwärme sind träge, komplex, (selbst-) regulierend und schaffen ihre eigenen Traditionen. Genau das Gegenteil bietet Matthias Kolbusa als radikale Haltungen an, die erfolgreich machen:
Seien Sie schnell! Perfektion kann dauern, entscheidend ist das Tempo, in dem Sie Ihre Vorhaben angehen.
Seien Sie naiv! Naivität ist Vorbehaltlosigkeit und das Gegenteil von Komplexität. Nichts bringt Sie mehr voran als das Ignorieren jeder Komplexität.
Lügen Sie, was die Wahrheit hergibt! Nichts ist faszinierender als die Lüge in Ihrem Kopf – das Zukunftsbild, an das Sie und andere glauben.
Lernen Sie zu scheitern! Nichts bringt Sie weiter als die Niederlage — wenn Sie immer wieder versuchen, Ihre besten Ideen Wirklichkeit werden zu lassen.
Erfolg bedeutet, den Unterschied aushalten zu müssen, der häufig mit Neid, Missgunst und anderen Formen des »Fremdelns« verbunden ist. Angepasste Erfolgreiche kommen in Matthias Kolbusas Konzept nicht

vor, auch diejenigen nicht, die unkonventionell leben und sich nicht einmal um die Erfolgsmaßstäbe des Matthias Kolbusa scheren. Warum eigentlich sollte nur erfolgreich sein können, wer von der Masse als erfolgreich im Unterschied zu sich selbst wahrgenommen wird?

Die Welt spricht jedoch nur über diejenigen, die den Mut hatten, öffentlich anders zu sein. Gerne zitiert Matthias Kolbusa hierzu Steve Jobs und Apple sowie Art Fry, der ganz zufällig die Post-it's für das Büro erfunden hat. Widerstände musste auch Harland D. Sanders ertragen, der nach der Entlassung aus der Armee im Alter von 40 Jahren viele monatelang mit einem Hähnchenrezept durch die Staaten reiste. Schließlich zahlte sich seine Ausdauer aus. Er fand einen Geldgeber, der seine Franchiseidee für Kentucky Fried Chicken (KFC) unterstützte.

Wo immer das Ungewöhnliche erfolgreich ist, entscheidet es sich von Standards. Um »Gegen den Schwarm« aus eigener Kraft erfolgreich zu sein, braucht es deshalb Klarheit über die Position im Schwarm, um sich von ihm fortbewegen zu können. Danach braucht es nach Matthias Kolbusa einen Richtungswechsel mit durchaus radikalen Haltungen.

Matthias Kolbusa spricht sich dafür aus, Widerstand zu leisten, selbst wenn es weh tut. Er fordert Leidenschaft und den Mut zu eigenen Positionen. Ohnehin sei die Lebenszeit zu begrenzt, um zugunsten des Schwarms auf die eigenen Möglichkeiten und Entscheidungen zu verzichten.

Macht Erfolg damit einsam? »Gegen den Schwarm« spricht vor allem für eine andere Position gegenüber dem Schwarm. Dadurch ändern sich Perspektiven, die dazu beitragen, den Einzelnen oder die Gemeinschaft fördern. Wer sich dem Schwarm entgegenstellt, ist stets auch ein sichtbares Modell für die Erweiterung des Bestehenden. – KEN.

Gebundene Ausgabe: 272 Seiten; Ariston Verlag, München;
ISBN: 978-3-424200-95-9

Hans-Uwe L. Köhler
»Hau eine Delle ins Universum«

Endlich ein Erfolgs-Buch, das mit dem »Erfolg« aufräumt. Besser-weiter-schneller war gestern. Zu unterschiedlich sind die Lebensmodelle, zu schnell ändern sich die Zeiten, und zu hoch hängt die Latte für das, was gemeinhin als Erfolg bezeichnet wird. Aber »Gelingen«, das kann man nach Hans-Uwe L. Köhler schaffen!

Erfolg war gestern – Gelingen ist heute

Vielleicht ist das der wichtigste Teil der Botschaft in »Hau eine Delle ins Universum«. Hans-Uwe L. Köhler lädt seine Leser ein, ihre Kriterien zu überdenken und aktiv zu tun, was ihnen ein gelungenes Leben beschert. Das geschieht dann ganz nach den tatsächlichen eigenen Möglichkeiten und Begabungen. Wir nutzen sie, weil es für unser Leben sinnvoll ist und können es uns zweimal überlegen, ob wir damit in einen Wettbewerb einsteigen, der lediglich die Möglichkeit des Scheiterns steigert. »Ich glaube an eine Welt, in der ausreichend Möglichkeiten für Glück und Erfolg vorhanden sind. Mit kraftvollen Ideen und der Gewissheit, dass es keinen Mangel an Chancen gibt. Wie das Wetter so ist auch Glück immer da. Man muss es nur entdecken«, sagt Hans-Uwe L. Köhler, der schon mit anderen Konzepten überzeugte: »Verkaufen ist wie Liebe«.

Während Erfolg für viele das Ziel ist, ist Gelingen eine Handlung. So wie Kinder spielen, einfach weil es Spaß macht, ermutigt der Autor uns dazu, das Ergebnis unserer Handlungen nicht zum Maßstab aller Dinge zu machen. Ohnehin endet das immer wieder in Perfektionismus und Optimierungsschleifen. Ein gelingendes Leben lässt dagegen Platz für Leidenschaft, Begeisterung und Glück. Es ist dynamisch und macht Spaß!

Hans-Uwe L. Köhler rüttelt in »Hau eine Delle ins Universum« an den Fundamenten der Erfolgsliteratur: Wir dürfen wieder träumen und einfach nur tun ohne auf das Ergebnis schielen zu müssen! Ergebnisse und Ziele wird es natürlich trotzdem geben. Aber sie dürfen auch einmal einfach nur da sein, denn der Spaß und die Leidenschaft waren vorher. – KEN.

Hans-Uwe L. Köhler
»Hau eine Delle ins Universum«
Gebundene Ausgabe: 256 Seiten; Ariston Verlag, München;
ISBN: 978-3-424201-00-0

Karl-Ludwig Leiter
»Wie vor Was«

Karl-Ludwig Leiter führt uns am Anfang zurück in die frühen Siebziger. Hippiezeit, Partyzeit, alles ziemlich abgefahren. Was auch immer Joe zu sich genommen hatte, er schoss für Sekunden in die Höhe, sagte bedeutungsvoll: »Wie vor Was« – und sank zurück ins Reich der Halluzinogene. Das soll nicht umsonst gewesen sein.

Die Zauberformel für Zufriedenheit und Zuversicht
Karl-Ludwig Leiter beschreibt das Erlebnis als Schlüsselereignis für sein Leben. Bedeutend genug war es jedenfalls, um hier als griffiger Titel eines Buchs zu dienen, in dem er sich auch als großartiger Lehrer des Zen-Meditation zeigt.
Ich stelle mir das Ereignis mit Joe recht gespenstisch vor. Vor seiner »Erleuchtung« hatte er nach Leiters Beschreibung schon eine Weile bewegungslos auf dem Rücken gelegen. Selbst seine härtesten Mitkiffer begannen sich Sorgen zu machen. Dass Joe gleich nach »Wie vor Was« wieder abtauchte, hätte bei mir sicher auch den Eindruck verstärkt, dass hier etwas besonders Wichtiges aus dem Jenseits ins Diesseits gelangt war.
Karl Ludwig Leiter jedenfalls ging es so. Und in sehr vielen Jahren wirklich seriöser Auseinandersetzung mit dem Buddhismus kommt er immer wieder auf die Kurzformel des damaligen Abends für mehr Zufriedenheit und Zuversicht zurück. Er bezeichnet sie sogar als Zauberformel.
Ich finde es lohnend, sich mit diesem Buch auseinanderzusetzen und das »Wie vor Was« in das eigene Leben einzubauen. Es ist sicher kein Zufall, dass gerade in dieser Zeit mehr Menschen sich im Sinn von Karl-Ludwig Leiter äußern. Hans-Uwe L. Köhler (»Hau eine Delle ins Universum«) befreit uns von dem Streben nach Erfolg und setzt ein gelingendes Leben darüber.
»Wie vor Was« drückt es noch knapper aus. Während das Was sich immer auf etwas Statisches, Fertiges, für viele Beängstigendes wie Krank-

heit und Tod bezieht, lädt uns das Wie ein, aktiv zu werden und den Prozess als solchen zu genießen. Früher oder später wird ein Ergebnis wie ein fertiges Haus, das nächste Buch, das Lieblingsauto keine Bedeutung mehr für uns haben.

Was uns aber im Prozess des Werdens niemand wieder nehmen kann und was nur während dieses Werdens von Bedeutung ist, das ist das Wie. Wie haben wir etwas getan, wie uns dabei gefühlt? Und wie können wir das, was uns möglicherweise stresst bis hin zum Ausbrennen, auf eine weit entspanntere Weise erlangen? Wann immer wir etwas ernsthaft tun, sollten wir dabei zuversichtlich und zufrieden sein können. Was auch etwas mit im Frieden mit uns und unseren Bedürfnissen zu tun hat.

Das Riesenpaket Zen-Buddhismus in drei Wörter einzudampfen, finde ich ziemlich mutig. Auch wenn viele Meditationen in der Bewegungslosigkeit geschehen, wie Karl-Ludwig Leiter auf seinem Weg zur Meisterschaft immer wieder erfahren durfte, ist der Buddhismus ein aktiver Prozess statt eine Einladung zu Resignation und Bequemlichkeit.

»Wie vor Was« ins eigene Leben zu übertragen, passiert nicht einfach als Mantra, sondern muss und kann, wenn ich Leiter richtig verstanden habe, auf einem aktiven Weg immer wieder neu erlebt werden. Das ist das Gute daran, denn wonach auch immer wir streben, bleibt uns nur, was der Moment uns gibt. – Und ganz am Ende vielleicht sogar nicht einmal das. – KEN.

Gebundene Ausgabe: 320 Seiten; Arkana Verlag, München;
ISBN: 978-3-442341-35-1

Ina Schmidt
»Auf die Freundschaft«

Ich »kenne« Leute mit 1000 und mehr Freunden. Keiner dieser »Freunde« hat mich jemals gesehen. Ich würde ihnen niemals erzählen, was mir auf der Seele brennt. – Über Freundschaft im Wandel der Zeit schreibt Ina Schmidt. Sogar Facebook hat eine Chance.

Aristoteles und Facebook: Was Menschen zu Freunden macht

Bei Freundschaft, so erfahren wir, geht es nach einer Studie aus den 1980er Jahren um drei Dinge:

– um den schlichten Wunsch nach Hilfe und Unterstützung in Alltagssituationen;
– um »sozialen Rückhalt«, der den Austausch von Erfahrungen um ein gemeinsames geistiges Fundament bereichert, auf dem sich so etwas wie eine gemeinsame Weltanschauung erarbeiten lässt;
– um gemeinsame Interessen als Basis einer gemeinsamen Freizeitgestaltung.

Das klingt modern. Trotzdem hat Freundschaft, seit Menschen darüber nachdenken, eine Voraussetzung: Sie beginnt mit einer »einer Form der Liebe, die eben nicht als Leidenschaft, sondern als geistige Verbindung – als Sympathie spürbar wird«, sagt Ina Schmidt.
Wer meint, damit sei sein Lebenspartner/seine Lebenspartnerin sein bester Freund, unterschätzt die Freundschaft. Denn Freunde sind nicht zwangsweise zum Kuscheln da. Freunde sind immer ein bisschen anders und uns gerade durch den Unterschied besonders nahe: Sie dürfen auch einmal anderer Meinung sein und den Finger in die offene Wunde legen, ohne dass wir ihnen deshalb die Freundschaft kündigen. Wir bleiben ihnen dann erst recht geistig verbunden, denn das ist die eigentliche Qualität von Freundschaft.

Freundschaft ist also eine liebevolle Beziehung, und dazu sollte man auch fähig sein. Ina Schmidt philosophiert, dass manchen Managern ihr soziales Leben ziemlich egal ist. Wenn sie dagegen ihr Handy verlören, bekämen sie einen Herzinfarkt. Möglicherweise sind darauf in einer Datei oder Datenwolke ihre Freundschaften gespeichert, ohne die sie schlichtweg nicht existieren.

»Freundschaft« im Datenäther ist eben etwas anderes als funktionierende Offline-Kontakte, Menschen, die einem möglicherweise vor lauter Lachen ihre Spaghetti-Sauce über den Pullover prusten und bei denen man in keiner Weise auf die Idee käme, ihnen das auch noch verzeihen zu müssen. Freunde nehmen lange vor Aristoteles und trotz Mark Zuckerberg an unserem Leben teil, selbst wenn sie sich am anderen Ende der Erde befinden. Sie interessieren sich für uns, sind ein aktiver Teil unseres Lebens, sie freuen sich und trauern mit uns. Sie denken vielleicht sogar an unsere Jahrestage, bevor Facebook automatisch ausschlägt und den Anlass für eine Masseninfo gut findet.

Facebook und richtige Freunde sind für Ina Schmidt in ihren philosophischen Betrachtungen jedoch kein Widerspruch, sondern können einander durchaus ergänzen: »Die Frage ist ... weniger, ob die Menschen neben ihren Facebook-Alben auch noch lebendige Freunde in ihrem Leben haben, sondern wie die Beziehung zu ebendiesen wirklichen Menschen aussieht.«

Viele User nutzen die sozialen Netzwerke als reines Tool, um Kontakte zu (engen) Freunden zu managen, die sie sonst neben ihrem Abwechslungshunger kaum halten könnten. Problematisch wird das erst, wenn die Zeit in der Virtualität keine Zeit mehr für leibhaftige Kontakte zulässt. Ina Schmidt empfiehlt, »wirklich achtsam mit dem Gleichgewicht aus Online und Offline umzugehen«. Wer mit 20 offline bereits ein funktionierendes Netzwerk hat, wird von den digitalen Illusionen nicht verführt, sondern nutzt sie bestenfalls als Unterstützung bei der Organisation des Alltags. »Anders sieht es bei Kindern und Jugendlichen aus, die ihr soziales Leben vorrangig online zu organisieren versuchen und damit so viel Zeit verbringen, dass ihnen schlicht keine Zeit für die ›wirklichen Menschen‹ in ihrer Umgebung bleibt«.

Freundschaft braucht Zeit und echte Aufmerksamkeit, sagt Ina Schmidt, auch und erst recht bei einem vollen Terminkalender. Freundschaft braucht die Rückmeldung, dass man füreinander da ist, denn wir haben einen angeboren Reflex, nach dem wir durchaus wissen, dass wir nur in sozialen Kontexten überleben können und unsere sozialen Begegnungen deshalb praktisch gestalten sollten.

Nicht jeder flüchtige Kontakt ist danach eine Freundschaft, schon gar nicht der kurze Schmatz in irgendeiner Datenbank, durch den wir uns dann ver-link-t oder ge-like-t haben. Dieses oberflächliche Getue kitzelt unser Belohnungssystem über die Statistik nur kurzfristig. Wieviel mehr ist da eine richtige Begegnung in einem lebendigen und sozialen Rahmen, der darüber entscheidet, ob unser Leben glücklich ist oder nicht? Wahre Freundschaft erfordert nach Ina Schmidt ein inneres Bekenntnis, ein »moralisches Versprechen«, eine ethische Gewissenhaftigkeit, »die einen wahrhaften Freund von einem bloßen Bekannten oder Kumpel unterscheidet«.

Bin ich froh, dass ich Freundschaft lange vor Facebook kennenlernen durfte! Ich bin längst über die 20 segensreichen Jahre mit einigermaßen funktionierenden sozialen Kontakten hinaus. Mir ist damit die Oberflächlichkeit eines anonymen Freundschafts-Marketingtools als non-plus-ultra der Freundschaft erspart geblieben. Ich muss meine wirklichen Freunde nicht einmal über die ach so »sozialen« Netzwerke organisieren. Auch wenn ich weit von den 1000 weg bin, reichen mir die wenigen, die ich persönlich kenne und die ich aufrichtig gerne in den Arm nehme. Irgendwie rufen wir uns immer dann zufällig an, wenn einer den anderen braucht. Selten hat »es« dann nicht »gepasst«.

Natürlich hat mich der eine oder die andere schon aus ihrem Beziehungsnetz entfernt. Im Idealfall haben wir darüber gesprochen statt einfach mit einem Mausklick auf »Löschen« diesen Teil der Beziehungsdatei zu streichen.

Wirkliche Freundschaft ist niemals Masse und niemals virtuell. Selbst die Organisation der Kontakte mit Freunden stelle ich nach Ina Schmidt infrage: Wer sich andauernd nur zufällig mit jemandem trifft, der im passenden Radius auf der gleichen App erkennbar ist, sollte sich fragen, ob er es mit wirklichen Freunden zu tun hat.

Ina Schmidt lässt Aristoteles, Platon, Cicero, Kant sowie die eher zeitgenössischen Denker Hannah Arendt, Albert Camus, Jean-Paul Sartre oder Antoine de Saint-Exupery zu Wort kommen. Die hatten sicher noch nichts mit Web 2.0 zu tun. Aber sie hätten bestätigt, dass Freundschaft nichts rein Virtuelles sein kann.

Ich persönlich fand die Rückschlüsse auf die Gegenwart in »Auf die Freundschaft« spannend und glaube fest daran, dass mein altes Freundschafts-Weltbild weiterhin berechtigt ist. Ob die Mehrzahl der Hardcore-Vertreter von virtuellen Freundschaften sich jedoch auf solch lange Strecken mit Kant und Camus noch einlassen mag? Vielleicht braucht es in einem Folgeband direktere Gebrauchsanweisungen für die Pflege von offline-Freundschaften. Wie denken wohl Mark Zuckerberg und Herr Apfel jenseits des Geschäfts darüber? – KEN.

Gebundene Ausgabe: 240 Seiten; Ludwig Buchverlag, München; ISBN: 978-3-453280-45-8

Nick Fitzherbert
»Die perfekte Präsentation«

»Perfekt präsentieren«, »So gelingt jeder Vortrag«, »magische Tricks« – Immerhin: meine Neugier ist geweckt. Wieder einmal. Aber würde ich deshalb zu Nick Fitzherberts Thema wirklich mehr und vor allem Neues erfahren als wie Power-Point funktioniert?

Erfolgreich mit Wahrnehmungspsychologie

Nick Fitzherbert ist neben Marketingfachmann, PR-Berater, Coach und Trainer auch Magier. Er beherrscht in diesem Sinn eine Menge Fingerfertigkeiten. Und er stellt sich damit in Radio, Fernsehen, in seinen Seminaren und Kundengesprächen überzeugend der Öffentlichkeit.

Vielleicht ist das in aller Deutlichkeit das eigentlich Magische an seinem Ansatz: Wir sind hochgradig aufmerksam, wenn wir hinter das »Geheimnis« von etwas Wahrgenommenem kommen wollen. Und wer jemals den Close-up-Magier Thorsten Strotmann in Stuttgart erlebt hat, weiß wie magisch »Magie« sein kann. Jeder richtig guter Magier spielt in seinen Auftritten großartig mit den Gesetzen der Aufmerksamkeit.

Immerhin erfahren wir, dass Nick Fitzherbert die Teilnehmer seiner Präsentationstrainings genau aus diesem Grund kleine Zaubereien einstudieren und vorführen lässt. Welche genau das sind, sagt er selbstverständlich nicht. Aber er beschreibt, dass sich schon damit der Fokus seiner Seminarteilnehmer ändert, sie automatisch selbstbewusster werden und ein Gespür für die Lenkung der Aufmerksamkeit ihres Publikums bekommen. Beides werden sie später in der freien Wildbahn als Vortragende gebrauchen können.

Wie Negatives und Positives entsprechend unserer Schreib- und Lesegewohnheiten im Raum geankert werden können, fand ich von Nick Fitzherbert interessant dargestellt. Weitere Impulse sind zum Beispiel diese hier: Vorstellungen und Erwartungen bilden den Rahmen jeder Kommunikation.

Das Gehirn filtert den Großteil der eingehenden Informationen heraus und lässt nur durch, was es für wichtig hält:
- Konzentrierte Aufmerksamkeit erfordert einen klaren Fokus.
- Die Sinne bieten fünf verschiedene Zugangsmöglichkeiten zum Gehirn.
- Anfang und Ende bleiben in Erinnerung.
- Negative Formulierungen behindern die Kommunikation.
- Offenheit zerstreut Zweifel, Beteuerungen schüren sie.
- Der Mensch hat mehr Vertrauen in Schlüsse, die er selbst gezogen hat.

Wie ein Vortrag von der Ideensammlung über den dramaturgischen Aufbau bis hin zum Einüben und schließlich Durchführen umgesetzt werden kann, gehört zu den Standards und ist hier ebenfalls gut zusammengefasst.

Das meiste darüber hinaus ist PowerPoint. Dadurch sind Nick Fitzherbert und »Die perfekte Präsentation« die Microsoft-Variante von Carmine Gallo und »Überzeugen wie Steve Jobs«. Während Steve Jobs die Entwicklung von Keynote auch für seine eigenen Präsentationen vorantrieb, brauchte Microsoft mit PowerPoint vor allem eine Entsprechung für den Markt. Das ist etwas anderes als die wirkliche persönliche Motivation.

Jobs Auftritte sind deshalb nach wie vor legendär. Heute gibt es Apple eben ohne Jobs und Nick Fitzherbert mit PowerPoint als Produkt des Mitbewerbers. Was durchaus anregend sein kann, denn von der Idee bis zur Beschränkung auf das Wesentliche einer Präsentation haben beide Systeme einiges gemeinsam.

Es ist das, was man sich vermutlich tatsächlich am besten mit den Erkenntnissen der Wahrnehmungspsychologie erklären kann. Die gelten für alle Vorträge, egal ob mit oder ohne Keynote oder PowerPoint. Die Essenz aus der Sicht des Magiers Nick Fitzherbert ist »Die perfekte Präsentation«. – KEN.

Broschiert: 320 Seiten; Ariston Verlag, München;
ISBN: 978-3-424200-80-5

Humor

Stefan Bartels kennt sich mit Diäten gut aus, wie er sagt. Schließlich arbeitete er lange genug für »Brigitte«, und was Frauen gut tut, das könnte ja auch dem männlichen Speckgürtel nutzen. Bartels teilt seine Erfahrungen rund um das Auf und Ab um die Pfunde mit seinen Helden in »Dicke Freunde« und vergisst dabei den Humor nicht.

Humor hat auch die Bloggerin Kelly Oxford bekannt gemacht. Die US-Amerikanerin schreibt über ihren Alltag als Hausfrau und Mutter und bricht damit viele Rekorde in den Klicklisten dieser Welt. Auch wenn der Atlantik für uns dazwischen liegt, gibt es doch vergleichbare Alltagssituationen, über die wir trotzdem lachen können sollten.

Dazu gehört auch die Tollpatschigkeit, mit der Thomas Montasser das analoge Leben im Gegensatz zum digitalen verteidigt. Ich glaube trotzdem, dass er sein Buch auf einem Computer statt auf einer mechanischen Schreibmaschine verfasst hat.

Akif Pirinçcis Katzenkrimi »Felipolis« hätte auch in die Rubrik Spannung gepasst. Der liebenswürdige Kater Francis als Hauptdarsteller taugt eben für beides, wenn er wieder einmal die (Katzen-) Welt rettet.

Zum Schmunzeln laden die Sammlungen der Stern-Rubrik NEON ein. »Ich hätte gerne eine LSD-Leuchte«, heißt es da. Und »geschüttelt, nicht gerührt« bekommt einen ganz neuen Sinn, wenn die richtigen Leute sich im Café begegnen. Humor ist eben nicht nur, wenn man trotzdem lacht, sondern wenn man Augen und Ohren für das Mehrdeutige im ganz normalen Alltag offenhält.

Stephan Bartels
»Dicke Freunde«

Simon Havlicek möchte an seinem dreißigsten Geburtstag seine Freundin Katja überraschen und von der Arbeit abholen. Als er auf ihrer Büroetage noch einmal »für kleine Jungs« geht, erwischt er sie mit etwas vom Fahrradkurier in der Hand, was eher zu großen Jungs passt.

Männerfreundschaften, Frauen an sich und im Speziellen

Der Tag ist damit gelaufen. Auch die Aussprache statt eines kuscheligen Abends, fällt kurz aus. Katja begründet ihren Seitensprung mit dem drahtigen Giancarlo mit Simons 106,8 Kilo bei etwas über eins achtzig. Sexy ist für Katja anders, und Sex mit jemandem mit Simons Umfang geht trotz der gemeinsamen Beziehungsjahre gar nicht mehr.

Dabei hatte Simon zwanzig erfolgreiche Fußballerjahre auf dem sportlichen Buckel – bis ihm ein berüchtigter Kicker vom anderen Team das Knie kaputt foulte. Jetzt ist also auch seine Beziehung im Eimer. Autor Stephan Bartels lässt seinen gehörnten Helden aus der gemeinsamen Wohnung ausziehen.

Mit dreißig zurück zur Mutter und ins ehemalige Kinderzimmer ist ziemlich daneben. Da klingt der Vorschlag von Simons Kollegin Anke schon besser, bei Holger einzuziehen, einem zurückgezogen lebenden Computernerd, mit dem in der Firma nur spricht, wessen Rechner gerade hoffnungslos abgeschmiert ist.

An »Hotte« ist alles überdimensional: seine Hamburger Wohnung mit über 200 Quadratmetern, sein Lebendgewicht von 145,8 Kilo und sein gutes Herz. Hotte liest stapelweise Frauenzeitschriften, damit er dem anderen Geschlecht auf diese Weise wenigstens ein bisschen nahe sein kann. Der großartige Frauenversteher im Selbststudium hat ansonsten keine nennenswerte praktische Erfahrung.

Die Grundausstattung der Geschichte ist damit bereits viel versprechend. Mit Anke als Katalysator überwinden die beiden Dicken ihre Abneigung vor dem jeweils anderen sowie vor dem eigenen Überfluss auf den Hüften. Sie gehen das Zuviel mit allen Aufs und Abs gemeinsam an. Der dritte im Bunde ist Zottel, der den beiden von Hottes Schwester untergejubelt wird und für einen Hund ähnliche Dimensionen aufweist wie seine neuen Herrchen.

Das Abenteuer von Diät zu Diät beginnt. Gleichzeitig räumen die beiden – plus Zottel – mit ihrem bisherigen Leben auf. Das ist beim wöchentlichen Wiegen dann wohl das Ausschlaggebende: Schlechte Laune hat einfach mehr Gewicht. Irgendetwas etwas Grundsätzliches muss sich im Leben der beiden ändern.

»Romane über eine Männer-WG im Abnehmmodus gibt es global gesehen noch nicht, soweit ich weiß. Außerdem ist es neben Fußball mein Lebensthema. Und Fußballbücher verkaufen sich traditionell schlecht, also... Nein, die Wahrheit ist: Ein Verlag hat mich vor einigen Jahren gefragt, ob ich nicht Lust hätte, ein Buch über das Abnehmen zu schreiben – egal, welches Genre. Und zack, da war sie in meinem Kopf, diese Geschichte. Ich konnte nichts dagegen tun«, sagt Stephan Bartels. Der Autor dieses pfundigen Romans ist als Betroffener selbst diäterfahren.

Stephan Bartels lässt seinen Helden zu D-Mark-Zeiten und um die Jahrtausendwende ins vierte Lebensjahrzehnt gleiten. Simon wäre damit zur Zeit des Prager Frühlings geboren worden, eine Zeit, für die sich Bartels ohnehin besonders interessiert. Aus eigener Erfahrung wisse er zudem, »dass dieser Tag (der dreißigste Geburtstag) für Männer psychologisch bedeutsam ist. Das ist für viele der Moment, an dem sie begreifen, dass ihre Kindheit endgültig vorbei ist.«

Stephan Bartels »Dicke Freunde« erleben viel Nachvollziehbares rund um »Diät oder nicht Diät« – voller Beziehungskram mitten in der Hansestadt. Wie es ihnen mal weniger, mal mehr erfolgreich gelingt, ihrem Gewicht Paroli zu bieten, bietet vergnügliche Lesestunden. Und ein bisschen Hoffnung gibt es obendrauf: Weniger Kilo ist möglich. – KEN.

Taschenbuch: 352 Seiten; Heyne Verlag, München;
ISBN: 978-3-453437-28-9

Kelly Oxford
»Alles ist bestens solange du lügst«

Kelly Oxford begann mit fünf Jahren zu schreiben. Das ist ein guter Einstieg in eine Legende. Seitdem hat sie den Griffel nie wieder aus der Hand gelegt – und schreibt und schreibt und schreibt. Die Zeitung »The Observer« findet sie »durchweg zum Totlachen«, statt eben »nur lustig«.

»Kelly Oxford – nicht bloß mal lustig ...« – The Oberserver

In »Alles ist bestens solange du lügst« darf man sich dazu eine eigene Meinung bilden. Und ich finde, diese Meinung darf durchaus von der des »Observers« abweichen. Kelly Oxford ist eine Vielschreiberin, und damit sicher nicht die einzige ihrer Art. Zwischendurch hat sie neben ihrer Kindheit und Teenie-Zeit als Mutter und Autorin von Blogs und Drehbüchern einiges erlebt. Und darum geht es in diesen biografischen Episoden der »Twitter-Queen«.

Als Grundschülerin fällt Kelly Oxford zunächst auf die Nase, weil sie »Star Wars« aufführen möchte und dafür ein Casting unter Klassenkameraden startet. Nicht einmal, dass sie, Kelly, ihr die Hälfte ihres Schulfrühstücks dafür abgeben mag, überzeugt ihre Schulleiterin. Kelly gibt nicht auf, wird trotzdem abgewiesen und lernt daraus, zu ihrer Meinung und zu ihren Bedürfnissen zu stehen – und schreibt und schreibt.

Sie zieht mit Freunden und Freundinnen durch die Welt, jobbt als Tellerwäscherin (im Teenager-Alter), reist als naiver Twen durch die Welt und wird irgendwann erwachsen. Das tröstet all jene, die das von ihren eigenen Kindern noch immer nicht glauben können. Als Hausfrau und Mutter von drei Kindern hat sie die Phasen des Stürmens und Drängens abgeschlossen, in denen sie das Gras – zum Rauchen – nicht suchen musste, sondern sich seinerzeit sich von ihm finden ließ.

Kelly Oxfort liebt Erdnussbutter mit (!) Nutella, ihre Kinder und ihren Mann, mit denen sie inzwischen weit weg vom biederen Edmonton (Kanada) in Los Angeles (USA) lebt. Diese Stadt, eine der vermutlich verrücktesten dieser Welt, passt zu Kelly Oxford wie Kelly Oxford zu Los Angeles.

Ihre 16 autobiographischen Geschichten wären ohne »Alles ist bestens solange du lügst« vermutlich in der Schublade liegen geblieben. Über sie lernen wir eine lebenslustige Kanadierin kennen – einen Blog- und Twitter-Star mit über 560.000 Followern.

Ihre Kinder wollten übrigens in ihrem Buch nicht vorkommen. Vielleicht ist der Humor des »Observers« doch von einer ganz besonderen Art. Auch ich finde nicht alles Twitter-Geschnatter der Kelly Oxford so »brutal lustig und schlichtweg großartig« wie der US-amerikanische Regisseur, Drehbuchautor und Schauspieler Cameron Crowe. – Und auch dem werde ich nicht auf Twitter folgen. – KEN.

Broschiert: 384 Seiten; Heyne Verlag, München;
ISBN: 978-3-453269-23-1

Thomas Montasser
»Weil die Erde keine Google ist«

Ohne digitale Medien geht nichts mehr. Immerhin da hat Thomas Montasser (Jahrgang 1966) beinahe recht. Trotzdem sollte die Generation der Mitdreißiger bis Mitte Fünziger allmählich einsehen, dass der Heinz-Rühmann-Satz aus der Feuerzangenbowle: »Da stellen wir uns ganz dumm ...« und sind es auch, nun wirklich nicht mehr zieht. Digital gehört heute einfach dazu.

Lob des analogen Lebens – Don't beam me up, please!
Montassers Geschichten beleuchten den sinnigen und unsinnigen Umgang mit allem, was Chips enthält, sofern es sich nicht um kartoffeliges Knabberzeugs in Tüten handelt. In wenigen Jahrzehnten wird sein Buch Geschichte sein, dann nämlich, wenn die letzten Computerverweigerer in unseren Bereiten ausgestorben sind. Die Jugendlichen von heute verstehen ohnehin kaum, dass jemand noch ohne Handy durch die Gegend läuft und weder per GPS geortet noch jederzeit angerufen werden kann. Keine Autofahrt ohne Navigationsgerät, kein Joggen ohne iPod, kein Urlaub ohne erreichbar zu sein. Und immer droht die Gefahr, dass das Navi einmal nicht auskennt und auf der Autobahn »Bitte wenden« rät. – Wie scrollt man eigentlich in einem Autoatlas ...? Montassers vergnügliche Geschichten werden in ein paar Jahren so unverständlich sein wie die Berichte unserer Großeltern über Pferdefuhrwerke nach dem Zweiten Weltkrieg.

Noch ist es mehr oder weniger ausschließlich die Faszination des Neuen, die uns permanent kommunizieren und erreichbar sein lässt. – Und noch erleben die meisten in den 90ern Geborenen das als eine Form von Lebensqualität. Das muss ja nicht so bleiben.

Thomas Montasser lobt nach seinen Begegnungen mit den Errungenschaften der digitalen Welt am Ende das »analoge Leben«: richtige Landkarten, Fotos auf Papier, das Treffen mit Freunden im Café statt im Chatroom. Ganz auf Digitalität zu verzichten, ist heute kaum noch möglich.

Spätestens am nächsten Fahrkartenautomaten würde man merken warum. Aber es gibt auch im Zeitalter der Computer eine gesunde Mitte, nämlich die, das digitale und das analoge Leben anzunehmen, ab und zu die Maus wegzulegen und auf einen richtigen Baum zu klettern, um diesen nicht nur zu sehen sondern auch zu spüren. – KEN.

Gebundene Ausgabe: 240 Seiten; Heyne Verlag, München;
ISBN: 978-3-453178-63-2

Akif Pirinçci
»Felipolis«

Akif Pirinçci schickt Kater Francis wieder auf ein Abenteuer: „Felipolis" – der Staat der Katzen steht im Mittelpunkt dieses Krimis. Wir erfahren wieder eine Menge über die Welt dieser gar zu menschlichen Vierbeiner. Das Strickmuster ist uns aus den vorhergehenden Felidae-Romanen bereits vertraut. Trotzdem – oder gerade deswegen – gelingt es Akif Pirinçci wieder einmal, seine Leser mit seiner charmanten, augenzwinkernden Art zu verführen.

Verführung ganz charmant auf Katzenart

Aber erst einmal wird der Held, Kater Francis, auf verführerische Weise an der Nase herumgeführt. Als er die Katzendame Domino trifft, haut sie ihn – schön, zart, verletzlich – schlichtweg um. Nicht nur, weil er gerade mit seiner Gefährtin Sancta im Clinch liegt und Domino die scheinbar freizuwerdende Stelle in seinem Herzen besetzen könnte. Nein, der Edelmischling Domino ist seit dem Ableben seines Frauchens eine milliardenschwere Erbin – und offenbar in Lebensgefahr. Die Verstrickungen daraus sind ein hübscher Krimi mit überraschenden Wendungen von Mensch und Tier, deren Ziel der paradiesische Katzenstaat auf einer Südseeinsel sein soll.

Der Katzendetektiv Francis steckt ziemlich Prügel ein in diesem Roman und muss sich mehr Wunden lecken, als seinem bedauernswerten Fell gut tun mag. Als die eigentliche Vision dann in einem Krematorium in Glut und Asche aufgeht, landet Francis mit seinen Kumpanen und Kumpaninnen in der Südsee. Nach all dem Stress kommt der Urlaub gerade recht. Auch das ist menschlich und fast so wie bei Bond, James Bond.

Mensch und Menschin finden sich auf liebenswerte Weise wieder in den Charakteren der Katzenwelt des Akif Pirinçci. Da lassen wir uns gerne auch mal als „Dosenöffner" (= Katzensprache für Herrchen und Frauchen) titulieren. – KEN.

Akif Pirinçci
»Felipolis«
Gebundene Ausgabe: 352 Seiten; Diana Verlag, München;
ISBN: 978-3453290976

NEON
»Ich hätte gerne eine LSD-Leuchte«

Das Leben schreibt echt wahre Geschichten – und laut NEON und den Leser des online-Magazins gibt es einige davon, die unfreiwillig komisch sind: »Was?! Du kriegst echt dreizehn Gehälter? Ich krieg nur eins!« – Gegen diese Ungerechtigkeit sollte man wirklich vorgehen. Oder laut loslachen!

Was?! Du kriegst echt dreizehn Gehälter ...?

Die NEON-Rubrik »Deutsche Geschichten« veröffentlicht jeden Monat die Erlebnisse von drei Personen, denen »was zu Ohren gekommen« ist, unfreiwillig komisch, dadurch eben ernst gemeint und doch total daneben. Da fragt eine Bäckereifachverkäuferin einen älteren Herrn nach James-Bond-Manier, ob er seinen Kaffee lieber »geschüttelt« oder »gerührt« haben möchte. Er antwortet: »Ich wäre gerührt, wenn Sie mir einen schütteln würden.«

Manches fällt eben erst unterhalb der Gürtellinie auf. Noch weiter unten ist die Rabattaktion im Schuhgeschäft, bei der man »Drei kaufen und nur zwei bezahlen« muss. Na toll: »Was soll ich denn mit drei Schuhen?«

Das erfüllt schon so ziemlich das, was Schlagfertigkeit heißt. Als eine Frau in Berlin in einem Geschäft zu viel gekaufte Trauerkarten zurückgeben möchte, antwortete die Verkäuferin: »Is derjenige wieder ufferstanden oder wat?« – Ich mag solche Geschichten, auch wenn sie manchmal an verschiedenen Orten nahezu gleichzeitig passiert zu sein scheinen. Es liegt eben nahe, wenn man die Tochter warnt, sie könnte mit dem Kopf auf die Tischplatte knallen, wenn sie sich die Wimpern noch weiter übertuscht ...

NEON sammelt solche Geschichten, und es wäre schade, wenn sie verloren gingen. Zwei alte Männer unterhalten sich, der eine schwärmt von seinem neuen Hörgerät. Sein Kumpel fragt: »Und was hat das Ding gekostet?« Er antwortet: »Gleich halb sieben.« – Der Witz begegnet einem auf der Straße und ist doch nie ganz unten.

555 unfreiwillig komische Deutsche Geschichten dieser Art veröffentlicht das stern-Magazin NEON in »Ich hätte gerne eine LSD-Leuchte«. Das Buch lädt ein, sich vom Alltag inspirieren zu lassen und den einen oder anderen Zufall durch das Auge des Karikaturisten zu sehen. Das Leben ist immer wieder komisch.

Selbst erlebt: Eine ziemlich füllige Dame im Trainingsanzug im überfüllten Drogeriemarkt. Sie hat schon an einigen Deos gerochen und bekommt jetzt die Dose mit dem Intimspray nicht auf. Sie schlürft zu einer Verkäuferin: »Kann ich das hier auch mal probieren?« Die Verkäuferin erschrickt und reißt ihr entsetzt das Intimspray aus der Hand: »Nein, das werden Sie hier nicht ausprobieren!«

So kann's gehen. Oder neulich in der Sauna. Eine Brasilianerin, dick eingehüllt in ihr Handtuch, mäkelt: In Brasilien gäbe es ebenfalls Saunas, aber die sind anständig getrennt für Frauen und für Männer. Ein Badegast kontert mürrisch: »Und ich dachte, ganz Brasilien wäre eine gemischte Sauna ...«

Humor ist mal so, mal so. Was »Schräg, peinlich, wunderbar!« ist, darüber entscheidet der Geschmack. NEON bietet viele Anregungen, mit einem zwinkernden Auge durch die Welt zu gehen und – falls das kein Widerspruch ist – die Augen trotzdem offenzuhalten für das unfreiwillig Komische ganz am Rande. Mir gefällt's. – KEN.

Taschenbuch: 192 Seiten; Heyne Verlag, München;
ISBN: 978-3-453603-30-1

Reisen

Dieses Mal bleiben wir mit zwei Empfehlungen im Reisekapitel kurz. Gerne erinnere ich daran, dass Globalscout, die Mutter von buecher-blog.net, über Reisende und »Bereiste« schreibt. Es gibt jedoch nur wenige Autoren, die so ausgewogen beide Perspektiven vermitteln wie Agnieszka Kowaluk in »Du bist so deutsch!«

Die gebürtige Polin lebt seit den 1990er Jahren in Deutschland. Dass sie irgendwie zwischen den Kulturen steht, merkt sie sowohl hier als auch in ihrer polnischen Heimat. Sie geht sehr wertschätzend mit beidem um und macht das auf einem Niveau, dem man die Auseinandersetzung mit den Klassikern der deutschen und polnischen Literatur anmerkt. Die Betrachtung ihres ganz persönlichen kulturellen Übergangs ist auch sprachlich ein Genuss.

Ziemlich bodenständig setzt sich Sabine Thiesler in »Basta, Amore!« mit ihrer Zeit in der Toskana auseinander. Die Thriller-Autorin zog es unter anderem aus gesundheitlichen Gründen gemeinsam mit ihrem Lebenspartner in das angenehmere Klima. Aber Italien besteht nicht nur aus Wetter, sondern auch aus Gesetzen und Sitten, die mehr oder weniger liebenswert sind. Irgendwann kapituliert Sabine Thiesler trotz ihres durchaus guten Willens.

Wir kommen später noch einmal auf das Thema Reisen zu sprechen: Im Bonuskapitel dieses »Best of www.buecher-blog.net«-Bandes stellen wir Ole Helmhausen vor, der es schon ziemlich lange als Reisejournalist in Kanada aushält und das Land wie seine Westentasche kennt.

Agnieszka Kowaluk
»Du bist so deutsch!«

Agnieszka Kowaluk wurde in Polen geboren. Sie hat die Öffnung des Eisernen Vorhangs ziemlich bewusst miterlebt. Viele Jahre schon lebt sie in Deutschland, ist hier nach wie vor die Polin. In Polen heißt es dagegen schon lange: »Du bist so deutsch!«

Leben in einem Land, das seine Tugenden nicht mag

Eine Polin zwischen Kulturen, denen man als Nachbarn eigentlich eine große Nähe unterstellen sollte. Die Geschichte wollte es anders. Die Deutschen hatten Warschau nahezu dem Erdboden gleichgemacht. Nach dem Krieg gehörte Polen zum politischen Osten. Als später das Reisen wie auch das Arbeiten in Deutschland möglich wurde, taten viele Polen genau das.

Agnieszka Kowaluk wohnt und arbeitet als Übersetzerin und Journalistin in Deutschland. Hier lebt sie mit ihrer Tochter Ida, der als Mitglied der »nächsten« Generation das Polnische schon wieder ein bisschen fremder erscheint. Deutschland/Polen ist ein einsames Geschäft für die Mutter: Ida ist ein ziemlich deutscher Teenager und scheidet als Partnerin für inspirierende Gespräche über deutsche und polnische Klassiker der Literatur aus.

Die Begeisterung der Agnieszka Kowaluk für die deutsche Sprache merkt man jeder Zeile an. Egal ob die Autorin über polnische Omas als Versorger der Kinder schreibt, über Arbeitsmoral von Deutschen und Polen oder über Unterschiede beim Shoppen, Feiern und Kirchgang – es gelingt ihr jedes noch so anscheinend einfache Thema auf einem sprachlich sehr anspruchsvollen Niveau zu erfassen.

Es macht Spaß, die »Kowaluk Agnieszka« zu lesen. Sie dreht und windet sich, bis der jeweilige Satz mit einem Wort mehr oder weniger schlichtweg erschlaffen würde. Die Autorin steht in der Tradition der Anhänger von Kleist und Goethe. Die haben sie motiviert, schon als Studentin nach Deutschland zu reisen, sobald sich die Möglichkeit dafür bot.

Das Land der Dichter und Denker ist jedoch längst eines der Gebrauchstexte für Jedermann. Das Internet tut das Seinige dazu: Jeder Text ist öffentlich und jeder Autor auf Facebook ein Multiplikator in eigener Sache. Damit schwingt beim Lesen dieses herrlich abwägenden Kowaluk-Buchs über »Mein Leben in einem Land, das seine Tugenden nicht mag« auch ein gehöriges Maß an Bedauern mit. Bei mir jedenfalls. Agnieszka Kowaluks Sprache ist derart ausgefeilt – »elaboriert«, wie wir seinerzeit im Gegensatz zu »restringiert« (= eingeschränkt) sagten –, dass sich das Lesen von »Du bist so deutsch!« allein deswegen lohnt.

Dieses Buch ist eben keine Gebrauchsliteratur, sondern eine extrem faire und ausgewogene Auseinandersetzung mit Interkulturalität. Auf manches aus Polen würde Agnieszka Kowaluk im Gegensatz zu Tochter Ida niemals verzichten. Aber auch manches ach so Deutsche gehört inzwischen zum festen Repertoire der Autorin, wobei sie manchmal längst von der Zeit überholt wird. Die Kleider, die sie nach den Vorschlägen aus den Burda-Heften seinerzeit aus Stoffresten zusammennähte, sind heute der letzte Schrei. Vintage eben! Auch was an Hausrat die gnadenlose Zerstörung Warschaus überdauerte, gilt heute als ehrwürdig, und sei es nur eine Lampe nach Art des alten Polens.

Seit Mitte der 90er Jahre lebt Agnieszka Kowaluk in Deutschland. Sie wird weiterhin zwischen den Kulturen sein, sich ihren polnischen Verwandten zugehörig fühlen und doch orientiert an den Deutschen bleiben. So wie Ida, ihre Tochter, die kulturell insgesamt schon mehr auf der Seite der Deutschen steht und sich im Umfeld ihrer gleichaltrigen Freunde »deutsch« behaupten muss.

Was typisch deutsch und typisch polnisch ist, wägt Agnieszka Kowaluk genauestens ab. Abgesehen von Chopin weiß ich kaum etwas von den eher polnischen Klassikern. Andere finden in Deutschland kaum statt, selbst ihre Namen ließen sich nicht auf einer »normalen« deutschen Tastatur darstellen.

»Du bist so deutsch!« versucht auf eine charmante Weise das Gemeinsame von hier und dort darzustellen und damit das Trennende zu überwinden. Das gelingt nicht immer – zum Glück! Denn die Unterschiede gehören zum kulturellen Reichtum dieser Welt und dürfen von mir aus auch gerne bleiben.

»Wir Deutsche und wir Polen sind uns recht ähnlich. Und wir unterscheiden uns, auch wenn nicht immer in den Dingen, von denen wir annehmen, sie seien typisch deutsch oder typisch polnisch. Etwas Wichtiges verbindet die Polen mit den Deutschen: Wir mögen es, besonders zu sein. Und gleichzeitig wollen wir nichts so sehr, wie als normal zu gelten und möglichst gar nicht aufzufallen.«

Agnieszka Kowaluks Resümee ist vielversprechend. Schon das lohnt die gemeinsame Zeit mit diesem Buch und seiner Autorin. – KEN.

Agnieszka Kowaluk
»Du bist so deutsch!«
Broschiert: 224 Seiten; Riemann Verlag, München;
ISBN: 978-3-570501-66-5

Sabine Thiesler
»Basta, Amore!«

Sabine Thiesler hat sich nach einigen Jahren von ihrer Wahlheimat Toskana verabschiedet. »Basta Amore!« meint »Basta Italia«. Genug ist genug. Sie kehrt zurück nach Deutschland. Da ist zwar auch nicht alles toll, aber toller als Italien ist es dann wohl doch.

Vom alltäglichen Irrsinn in Bella Italia

In Italien kann man sich verlieben, und man kann sich von Italien auch wieder entlieben. Okay, in Deutschland quasseln auch immer mehr immer ausdauernder in ihr Handy. Die Wartezeiten beim Arzt könnten kürzer sein, aber sicher ist ein Arztbesuch meistens dezenter. Es kommt selten vor, dass man ins Behandlungszimmer schauen kann und das halbe Dorf die intimsten Diagnosen mitbekommt.

Sabine Thiesler entmythologisiert eines der Lieblingsländer der Deutschen. Italien ist eben nicht nur das Land der leckeren Pasta, Pizzas und herrlicher Weine, der Telenevelas und der Partyskandale rund um jung geliftete Politiker mit so viel Gel in den Haaren, dass man damit einer ganzen Fußballmannschaft die letzte Ölung verpassen könnte.

14 Jahre lang haben Sabine Thiesler und ihr Lebensgefährte Klaus Italien ertragen, so manche Strafe für zu spät gezahlte – statt total vermiedene Steuern – gezahlt und sich durch den Dschungel der Regeln und Gegenregeln gekämpft. Immer wieder ist sie dabei doch die Deutsche, für die »ja« eben ja und nicht irgendetwas von »vielleicht« bis »könnte sein« und »nie im Leben« bedeutet.

Für Sabine Thiesler hatte Italien zumindest am Anfang das bessere Klima – auch zwischenmenschlich –, die natürlicheren Zutaten fürs Essen und Trinken und irgendwie auch ein Lebensgefühl, das einfach anders, eben italienisch war. Das war es dann auch. Urlaub ist anders als dauerhaft Wohnen, und die Tücke liegt im Detail. So schließt die biographische Erzählung eine ordentliche Prise Bitterkeit ein und endet schließlich in »Basta Amore!«

Die Startbedingungen freilich waren anders. Italien und Toskana klingen magisch, nach gesunder Natur, Dauerurlaub, Genuss und Lebenslust. Ein etwas abgelegenes Domizil, das zunächst nach italienischen Bauregeln umgebaut werden und später zu Jagdzeiten im Herbst nahezu kriegerisch unter Feuer stehen wird, bremst die ehemals durchaus romantischen Absichten der Sabine Thiesler und ihres geduldigen Lebenspartners aus.

Der Gang zum Katasteramt ist ähnlich kompliziert wie bei Asterix und den spinnenden Römern. Das wird auch nicht besser, als die zahlungswillige Deutsche pflichtbewusst endlich ihre Steuern überweisen will. Das geht ohnehin nur zu festgesetzten Zeiten im Jahr und genau dann, wenn alle anderen Italiener ebenfalls zur Post gehen und ihre Steuern überweisen möchten.

Natürlich gibt es auch beneidenswerte Erlebnisse, die vermutlich nur in Italien auf diese Weise möglich sind. So singen die Anhänger Andrea Bocellis bei einem Freiluftkonzert spontan die Fans eines lautstarken Fußballclubs mit Evergreens aus klassischen Opern nieder ...

Insgesamt eine Erzählung über eine Deutsche in Italien, die ihre angestammten Regeln mit nach Bella Italia nimmt und erkennt, dass die dortigen Üblichkeiten mit ihren Erwartungen kollidieren. Fast eineinhalb Jahrzehnte immerhin stellt sich Sabine Thiesler dem Konflikt zwischen Sollen und Haben wollen und kehrt schließlich nach Deutschland zurück. Dort heißt »ja« eben nicht »vielleicht«. Meistens jedenfalls. Aber die Thiesler'schen Überlebensstrategien funktionieren.

Ich habe nach Sabine Thiesler und »Basta Amore!« jedenfalls wieder Freude an öffentlichen Verkehrsmitteln, die in der Regel fahrplanmäßig da sind. Dass man ein medizinisches System überleben kann, hat ebenfalls gewisse Vorteile. Sabine Thiesler ist bedient, was Italien im Allgemeinen und die Toskana im Besonderen betrifft. Ihre Rückkehr nach Deutschland steigert die Wahrscheinlichkeit, dass sie uns noch eine Weile erhalten bleibt – als Autorin lesenswerter Spannungsbücher. – KEN.

Taschenbuch: 256 Seiten; Heyne Verlag, München;
ISBN: 978-3-453410-61-9

Spannung

»Japan Town« ist ein guter Übergang von der Reise zur Spannung. Hätte Barry Lancet nicht so lange in Tokio gelebt und sich mit der japanischen Schrift beschäftigt, dann gäbe es dieses Buch so nicht.

Auch Thomas Bodström dockt in »Im Zeichen der Macht« an seine eigenen, in diesem Fall politischen Erfahrungen an. Sein Thriller spielt in Schweden, das wir über alle möglichen Intrigen im Umfeld eines Wahlkampfes kennenlernen, der durch einen Überfall auf das Parlament aus den Fugen gerät.

Olen Steinhauer führt uns in »Die Kairo-Affäre« in wärmere Gegenden, während Marie Pellissier uns in »Die tödliche Tugend der Madame Blandel« einen Teil der Kultur Frankreichs näherbringt. Ihre Gardienne kümmert sich um das Wohl der Bewohner eines Mietshauses in Paris und hat es plötzlich mit einem Mord zu tun.

Eine vergleichbare Type ist die Mutter der »Kalten Sofie«. Sofie Rosenhuth arbeitet als Gerichtsmedizinerin in München und jongliert ganz nebenher ihre Beziehungskisten. »Vogelfrei« ist voller Lokalkolorit, liebenswert deftig und manchmal ziemlich hilflos zwischen Tradition und Moderne.

Kati Hiekkapelto wurde auf der diesjährigen Frankfurter Buchmesse gefeiert. In »Kolibri« bringt sie uns ein Stück Finnland und die Probleme der Immigranten näher, die unter anderem auch als Ermittler bei der Polizei arbeiten.

Mit Wolfgang Ruehl und »Der Ikarus-Komplex« geht es wieder nach Afrika. Eingearbeitet ist die Geschichte der Fliegerei, tatsächlich geht es jedoch um Verhaltenssteuerung mit genmanipulierten Viren.

Gleichermaßen bedrohlich wirkt zum Schluss »Lexicon« von Max Barry. Wenn am Anfang das Wort war und ohne das Wort nichts ist oder jemals sein wird, dann wäre das Wort vielleicht sogar die gefährlichste aller Waffen überhaupt.

Barry Lancet
»Japan Town«

So ziemlich am Anfang von »Japan Town« gibt es einen Messerkampf zwischen Jim Brodie und einem geheimnisvollen Mann, der im Hausflur seine junge Tochter Jenny angesprochen hatte. Jim Brodie führt sich mit ordentlichen Abwehrtechniken und »Sidekicks« ein. Doch damit er den Lesern als Japanexperte durchgeht, braucht es ein bisschen mehr.

Fünf Leichen. Ein Rätsel. Keine Spur.

Barry Lancet kennt Japan nach 20 Jahren in Tokio ziemlich gut. Als Mitarbeiter eines Verlags wurde sicher auch mehr von ihm erwartet als Grundkenntnisse im Schreiben und Lesen des Japanischen. Tatsächlich lernen wir von Jim Brodie einiges über die Kanjis, eine Kategorie japanischer Schriftzeichen, die von Experten nahezu graphologisch gelesen werden können: Wie alt, gebildet und in welcher psychischen und körperlichen Verfassung ist der Schreiber eines seltenen Exemplars, das nun mindestens zum zweiten Mal in einem Mordfall auftauchte?

Jim Brodie restauriert japanische Vasen und wird als Kunstexperte immer wieder in Versicherungsfälle eingeschaltet oder jetzt eben in einen Mordfall, den die Polizei von San Francisco aufklären soll. Die Familie eines japanischen Geschäftsmannes wurde mit äußerster Kaltblütigkeit umgebracht. Brodies Kontaktmann bei der Polizei weist ihn auf ein hinterlassenes Kanji hin, das die Tat für den Experten zu einer persönlichen Sache macht: Dieses Zeichen hatte Jahre zuvor auch der Mörder seiner Frau am Tatort hinterlassen!

Die Parallele macht Jim Brodie auch für das Familienoberhaupt im aktuellen Mordfall interessant. Er heuert Brodie an, das Massaker an seiner Familie abseits der polizeilichen Ermittlungen zu untersuchen. Der Preis spielt keine Rolle, aber längst ist auch das Leben von Brodies Tochter Jenny bedroht.

»Japan Town« beginnt mit einigen Klischees, wie allein erziehender Vater eines Engels von Tochter, eher unbedarften Polizisten ohne Aussicht auf einen Zugang zur traditionellen japanischen Kultur, viel Mafia-Kram und Prügeleien zwischen Vertretern von Systemen, die sich als unbesiegbar zeigen, dann aber gute Aussichten haben, als Goliath zu enden.

Ich mag, dass Barry Lancet Japan seine Zeit in Japan nicht nur als beiläufiger Tourist erlebte. Auch das wäre möglich gewesen. Stattdessen hat er sich der Sprache, Schrift und damit auch der Kultur von innen genähert. Zumindest wirkt »Japan Town« so auf mich.

Diese Annäherung erfordert Ausdauer, Mut und die Bereitschaft zu akzeptieren, dass selbst das moderne Japan tiefverwurzelten traditionellen Mustern folgt. In der Regel erlaubt es Ausländern nur einen oberflächlichen Zugang zur Kultur. Selbst Japaner, die ins Ausland geschickt wurden, um das Unternehmen zu vertreten, müssen damit rechnen, nach ihrer Rückkehr von den Kollegen geschnitten zu werden. Wer einmal raus ist, kommt nicht wieder rein, selbst wenn seine Familie ihm dann eine Frau schickt, die er nach traditionellem Brauch und auf Wunsch der Eltern auch heiraten wird.

Barry Lancet hat sein Buch zwischen japanischer Tradition und amerikanischer Moderne angelegt. Das ist ihm trotz der Längen und Klischees gut gelungen. Am Ende ist auch »Japan Town« nur der Thriller eines Amerikaners, der über Japan schreibt. Wie schwer das ist, zeigten bereits die Reaktionen auf Michael Crichtons Roman »Rising Sun«, der 1993 mit Sean Connery verfilmt wurde (Deutsch: »Die Wiege der Sonne«). Die Kritiker nannten »Rising Sun« gleichermaßen »politisch korrekt« und »rassistisch«. – KEN.

Taschenbuch: 592 Seiten; Heyne Verlag, München;
ISBN: 978-3-453437-80-7

Thomas Bodström
»Im Zeichen der Macht«

Politiker, die um jeden Preis im Amt bleiben wollen? Krimi-
nelle ohne Skrupel, ihre Geiseln umzubringen? Alles möglich. Und als Gegenspielerin Kommissarin Susanne Dahlgren, die schon bald den einen vom anderen kaum noch
unterscheiden kann. Denkbar ist auch das.

Entscheidet eine spektakuläre Geiselnahme die Wahl?

Thomas Bodström war nach einer Karriere als Fußballprofi von 2000 bis
2006 schwedischer Justizminister. Er ist einer der bekanntesten Politiker
in Stockholm und spielt längst auch als Autor in der Thrillerszene des ho-
hen Norden Europas ganz vorne mit.

In diesem Fall muss sich seine Heldin Susanne Dahlgren um eine spektakuläre Geiselnahme kümmern. Und das kurz vor der Reichstagswahl. Je
nachdem, ob die Opposition oder gar das Wahlkampfteam rund um die
aktuelle Justizministerin Catarina Björk Kommentare zum Geiseldrama
an die Öffentlichkeit gibt, steigt oder sinkt ihre Gunst bei den Wählern.

Das macht es schwer für die weisungsgebundene Kommissarin, nach
Art der Polizei Menschenleben zu retten. Sie müsste Informationen frei-
geben oder aber genau das gezielt verhindern. Catarina Björk, eigentlich
eine weniger auffällige Figur im Politik-Zirkus will an der Macht bleiben
und nutzt die Geiselnahme für ihre Zwecke. Nach Belieben blockiert sie
den Informationsfluss und riskiert damit den Tod weiterer Geiseln, obwohl sie eigentlich mit Interviews über den effektiven Kampf gegen den
Terrorismus punkten möchte. Mit einer anderen Informationsstrategie
zum gleichen Thema kontert die Opposition.

Susanne Dahlgren ahnt schon bald die Zusammenhänge, kann ihr Wissen aber gegen den Willen der Machthabenden kaum nutzen, ohne auch
ihre eigene Karriere zu gefährden. Möglicherweise ist der Drahtzieher
des fortschreitenden Dramas sogar jemand im engeren Umfeld der bis-

herigen Regierung. Aber ahnt die Justizministerin vor lauter Machtbe-sessenheit, welche Gefahr sie provoziert?

»Im Zeichen der Macht« spielt zufällig in Stockholm, wäre aber auch in jeder anderen Hauptstadt denkbar. Somit bedient Thomas Bodström mit seinem Buch eine Leserschaft, die sich schon immer fragt, wie weit Politiker gehen würden, um an der Macht zu bleiben. Wie sehr schlach-ten sie Katastrophen für ihre politischen Zwecke aus? Und inszenieren sie diese am Ende sogar selbst? Thomas Bodström führt uns ein in die Ränkeschmiede am Beispiel des schwedischen Reichstags – zwischen Macht, Recht und Menschlichkeit. – KEN.

Taschenbuch: 448 Seiten; Heyne Verlag, München;
ISBN: 978-3-453266-71-1

Simone van der Vlugt
»Was sie nicht weiß«

Kommissarin Lois Elzinga hat genug damit zu tun, dass ihre Schwester in Adelskreisen verkehrt. Damit wird jedes Familienfest ein steifer Empfang, bei dem der Gruß »Guten Appetit!« beim Abendessen »total prolo« ist und alle Gäste schamhaft verstummen lässt. Bei solch einer Gelegenheit klingelt das Handy, und Lois muss zum Männermord – einem ziemlich üblen.

Eine grausame Tat, offenbar begangen von einer Frau
David Hoogland war ein scheinbar harmloser Grundschullehrer in der holländischen Käsestadt Alkmaar. Frisch ermordet stellen sich natürlich Fragen, denn erschlagen und dermaßen unter der Gürtellinie geschändet wird niemand ohne Grund. Schon bald verendet Mann Nummer zwei auf die gleiche Weise.

Irgendwann verdichten sich die Hinweise auf eine gemeinsame Partyszene unter Jugendlichen viele Jahre zuvor. Allmächtig bekifft verschieben sich die Regeln von Gut zu Böse, und die Ware Frau wird zum Mannschaftssport. Die eigentlichen Opfer sind Frauen, die möglicherweise zum wiederholten Mal missbraucht und vergewaltigt wurden.

Dass der Körper heilen könnte, bedeutet noch lange nicht, dass auch die Seele mitspielt. Die Künstlerin Maaike Schoolten würde dazu ein trauriges Lied singen können. Möglicherweise das gleiche wie die geheimnisvolle Fotografin Tamara, die niemals zur gleichen Zeit am gleichen Ort auftritt wie Maaike. Kommissarin Lois Elzinga wird herausfinden müssen, was die beiden miteinander zu tun haben. Und sie wird ziemlich überrascht sein.

Simone van der Vlugt würde sich für meinen Geschmack verbessern, wenn sie ihre Kommissarin weniger mit dem Statusdünkel des (holländischen) Adels konfrontieren würde. Der hat mit den Morden hier nichts zu tun und taugt auch nicht als Begründung für die mögliche Belastung für die Kommissarin. Jedenfalls hatte ich nie den Verdacht, dass die Mörderei in die Adelskreise hineinführen würde.

Nahe dran an den schrecklichen Folgen ist dagegen die Zerrissenheit der Frauen beschrieben, die nach einem Missbrauch nicht mehr wissen, wer sie eigentlich sind und sich dann in eine zusätzliche, klarere Identität mit eigenen Moralvorstellungen und Racheplänen flüchten.

Nach »Am helllichten Tag« ist dies der zweite Roman der Simone van der Vlugt auf buecher-blog.net. Sie steigert sich, und es lohnt sich, die Entwicklung dieser holländischen Autorin weiter zu verfolgen. – KEN.

Taschenbuch: 304 Seiten; Diana Verlag, München;
ISBN: 978-3-453291-51-5

Olen Steinhauer
»Die Kairo-Affäre«

»Sie machen es«, sagt Aziz zu seinem Vorgesetzten. Und nachdem der verstanden hatte, antwortete er: »Jetzt beruhigen Sie sich erst mal.« Dabei hätte Stumbler, ein geheimer Plan der CIA gar nicht aktiviert sein dürfen. Doch die Lunte am Pulverfass Naher Osten brennt bereits.

Die Fäden eines verworrenen Netzes laufen in Kairo zusammen ...
Olen Steinhauer führt uns mit zahlreichen Rückblenden in die Zeit vor den Sturz des Gaddafi-Regimes in Libyen. In »Die Kairo-Affäre« mischte sich der US-amerikanische Geheimdienst in die Vorbereitung der Ereignisse ein, die dann als der arabische Frühling in die Geschichte eingehen würden.

Wer auch immer sich in der Region langfristig Einfluss sichern wollte, brauchte jetzt einen Plan. Aziz hatte ihn: Stumbler. Allerdings kennt er auch die Gefahren, die damit verbunden sind. Erst nach dem gewaltsamen Tod mehrerer Mitarbeiter in Arabien findet er heraus, das Stumbler heimlich aktiviert worden ist. Um Stumbler wieder einzufangen, müsste er direkt vor Ort etwas tun.

Inzwischen wird in einem Restaurant in Budapest der amerikanische Diplomat Emmet Kohl vor den Augen seiner Frau erschossen. Sophie wird schon bald feststellen, dass Emmet nur einer von mehreren Diplomaten und Agenten ist, denen es im Umfeld des Stumbler-Plans so ergeht. Sie versucht daraufhin, die Hintergründe des Mordes an Emmet aufzudecken.

Immer stärker drängt sich dabei die Entwicklung ihrer Affäre in Kairo mit einem weiteren Agenten in den Vordergrund. Waren am Ende alle ihre Vertrauten und Geliebten lediglich Teil einer Verschwörung, die weit über Arabien hinaus für Verwirrung sorgen sollte? Wurden Emmet und Sophie bereits zur Zeit der Kriege im ehemaligen Jugoslawien darin eingebunden? Was genau versucht die CIA zu vertuschen, um die Kontrolle über Stumbler wieder zu bekommen?

Autor Olen Steinhauer wird bereits als der »John le Carré des 21. Jahrhunderts« beschrieben. Und er erschafft in »Die Kairo-Affäre« eine Atmosphäre der Schwere und Dunkelheit wie aus der Zeit des Eisernen Zauns. In der Ukraine, Israel und Palästina und in vielen Regionen Afrikas werden 2014 mit lautem Säbelgerassel die alten Gespenster wieder wachgerüttelt. Wie in Olen Steinhauers Agententhriller wächst die Versuchung, wieder mit dem Feuer zu spielen und auf welche Weise auch immer die Geschichte mitzugestalten. Lug und Trug sind dabei die vorrangigen Waffen. Niemand weiß wirklich, wer Freund oder Feind ist und welche Rolle davon er dabei gerade selbst spielt.

All das macht »Die Kairo-Affäre« mit all ihrer verwirrenden Psychologie traurig und mit immer neuen Perspektiven undurchsichtig und zäh. Vertrauen gibt es nicht: Jeder kann jederzeit das Gegenteil dessen sein, was er bis dahin war. Banal wirken dabei fast schon die Angehörigen, die bestenfalls ahnen, womit sich ihre Partner beruflich beschäftigen, erst recht, wenn diese dadurch den Wunsch nach einem Familienleben und einer funktionierenden Partnerschaft verraten. – KEN.

Gebundene Ausgabe: 496 Seiten; Karl Blessing Verlag, München; ISBN: 978-3-896675-19-4

Marie Pellissier
»Die tödliche Tugend der Madame Blandel«

Ein bisschen Urlaub in Paris gefällig? Mit Marie Pellissier und »Die tödliche Tugend der Madame Blandel« sollte das auch auf dem Balkon und zuhause gelingen. Wobei die eigentliche Heldin Lucie aus Portugal stammt und als Gardienne für Ordnung im Haus sorgt.

Eine Gardienne auf Mörderjagd in Paris

Schon eine meiner ersten Lektionen Französisch berichtete über die Gardienne. Als wir Teenager wenig später Freunde in Paris besuchten, war mir diese »typisch französische Institution« noch immer unheimlich. Wie eine Spinne im Trichterbeutel, die nur auf uns gewartet hatte, schoss die Gardienne des Hauses aus ihrem Kabuff im Treppenhaus hervor und näselte uns lautstark entgegen, zu wem wir denn wollten. Nachdem das geklärt war, war sie auch »unsere« Gardienne.

Lucie ist von vornherein das herzliche Rundum-sorglos-Paket für alle Mitbewohner des Place des Vosges 3. Stets freundlich und umsorgend, verteilt sie die Post, putzt, bügelt, räumt auf und ist im Zweifelsfall auch die Nachrichtenzentrale des Hauses. Sie würde sich für jeden Bewohner sofort in die Schlacht stürzen, selbst für die überhebliche Vanessa Blandel, die gerade eingezogen ist und Lucie das Leben schwer macht.

Aber Lucie macht keine Ausnahme. Sie räumt sogar das unordentliche Schlafzimmer der Madame Blandel auf, in dem alles darauf hindeutet, dass sie in einer leidenschaftlichen Nacht gerade ihren Ehemann mit dem Fitnesstrainer betrogen hat. Wenig später wird Vanessa Blandel tot aus der Seine geborgen. Die Gardienne befürchtet, wichtige Spuren vernichtet zu haben. Würde die Polizei rund im Kommissar Legrand am Ende ihr den Mord in die Schuhe schieben?

Lucie schlägt einige Haken, um der Polizei auszuweichen, während sie sich gleichzeitig auf die Suche nach dem wahren Täter macht. Dass sie mit all ihrem südländischen Temperament immer wieder auch Fährten legt, die sogar ihren Ehemann verwirren, gehört irgendwie dazu. C'est la vie.

Die Figur der Lucie ist Marie Pellissier in ihrem ersten Roman großartig gelungen. Immer an der Grenze zum Skurrilen, geht die Gardienne weit über sich hinaus, um den Fall aufzuklären. Manchmal erinnerte sie mich an Miss Marple von Agatha Christie. »Die tödliche Tugend der Madame Blandel« – Lesevergnügen zwischen Marais-Viertel und Quartier Latin. – KEN.

Taschenbuch: 336 Seiten; Diana Verlag, München;
ISBN: 978-3-453357-67-9

Felicitas Gruber
»Vogelfrei«

Die Witwe eines vermeintlichen Selbstmörders zeigt keine wirkliche Trauer. Eine Kosmetikerin stirbt an einer abgebrochenen Glasfeile in ihrer Brust. Und ein Priester stürzt sich vom Glockenturm der Mariahilf-Kirche in den Tod. Alle drei landen auf dem Seziertisch der »kalten Sofie«.

Spannung auf Bayrisch und ein »bissl« verzwickte Liebe

Auch der zweite Fall der Sofie Rosenhuth in München hat es wieder in sich. Die Rechtsmedizinerin glaubt eben weniger an Zufälle als an Zusammenhänge. Zumindest im Beruflichen gelingt ihr das ganz gut: Zuckt ihre Nase, nimmt sie zuverlässig Witterung auf. Privat sieht es ganz anders aus. Ob sie sich für den Polizeireporter Charly Loessl entscheiden oder ihrem Ex Joe (mindestens) eine weitere Chance geben soll, fordert sie ordentlich heraus.

Aber jetzt geht es zunächst einmal um drei Morde. Irgendwie scheint dabei auch Murmel eine Rolle zu spielen. Der Mops wird nicht der Einzige seiner Art in diesem verzwickten Spiel sein. Immerhin wickelt Murmel Sofies garstige Vorgesetze Elke Falk um die Hundepfote.

Die Mörderei an sich hätte in »Vogelfrei« ein bisschen spannender entwickelt sein können, dafür ist die Auflösung dann wieder überraschend. Auch was das Liebesleben der Sofie Rosenhuth angeht, kommen wir im neuen Band einen Schritt voran. Ihre Bewerber, Charly und Joe, werden sich begegnen und herausfinden müssen, wer das Feld räumen soll: die Rechtsmedizinerin als Gegenstand der Verhandlung unter Kerlen.

Es wird noch bayrischer nach »Die kalte Sofie«, dem ersten Krimi des Autorinnen-Duos Brigitte Riebe und Gesine Hirsch, die sich auf das Pseudonym Felicitas Gruber geeinigt haben. »Manchmal muss man dem Herrgott eben a bissl ins Handwerk pfuschen ...«, heißt es auf dem Rücken des Buchs. Das entspricht vor allem der Einstellung von Vroni, der großmütterlichen Tante von Sofie. Auch sie kommt im neuen Roman der Felicitas Gruber vor und ist für mich ein wesentlicher Verstärker des Münchner Lokalkolorits.

Vroni ist und bleibt trotz ihres fortgeschrittenen Alters – und einer fortgeschrittenen Liebschaft im traditionellen München – eine sehr moderne Frau. Leicht könnte sie »ihrer« Sofie wesentliche Dinge zum Leben beibringen, zumindest wenn es um Beziehungsfragen geht.

Wie dagegen der Selbstmörder, die Kosmetikerin, der Pfarrer und vielleicht sogar Vroni miteinander verbunden sind, das wird Sofie Rosenhuth herausfinden müssen. Und »ihre« Männer werden hoffentlich dann im Umfeld des nächsten Falls auf den Punkt kommen, was die Beziehung zur »kalten Sofie« angeht. Denn es gibt sicher überzeugendere Klischees als derart viel Duldsamkeit unter Männern, wenn es um die gleiche Frau geht. – KEN.

Taschenbuch: 304 Seiten; Diana Verlag, München;
ISBN: 978-3-453357-93-8

Petra Hammesfahr
»An einem Tag im November«

An einem Nachmittag im November verschwindet die fünf-
jährige Emilie Brenner spurlos. Sollte Emilie entführt worden sein, zählt jede Minute, soviel weiß Kriminalkommissar
Arno Klinkhammer. Und Verdächtige gibt es zur Genüge.

Es kann nebenan passieren. Jederzeit …

Ein Kind ist wie vom Erdboden verschluckt. Selbst die hochschwangere
Mutter des Mädchens, die sagt, zum Tatzeitpunkt auf der Couch einge-
nickt zu sein, ist verdächtig. Kommissar Arno Klinkhammer wird herausfinden, dass nicht nur im Leben der Familie Brenner alles so rosig ist, wie
es scheint.

Abgesehen von dem Entführungsfall »An einem Tag im November«
ist der Roman von Petra Hammesfahr ein großartiges Sozialporträt einer (kleinstädtischen) Gemeinschaft. Wir lernen Schüler und Lehrer der
Schule kennen, in denen ein Junge aus der Nachbarschaft schikaniert
wird, der am Ende mehr weiß, als für ihn gut ist. Die Mitglieder des Fit-
nessstudios von Emilies Vater sind mehr als nur tumbe Gewichtheber. Je
nach kultureller Herkunft sind sie eingebunden in traditionelle Autori-
tätsstrukturen, die bedrohlich oder hilfreich sein können. Manche davon
bewegen sich am Rande der Legalität – sei es tatsächlich oder aber im
Sinne der »üblichen« Vorurteile gegenüber Menschen aus anderen Kulturen, was genauso schlimm ist.

Aus diesem Wirrwarr die richtigen Informationen herauszufiltern, ist
eine Herausforderung für den Leser wie vermutlich auch für all die Ermittler, die tatsächlich mit Fällen wie der kleinen Emilie zu tun haben.
Alles ist möglich, wenn alle Beteiligten Gründe haben, ihren jeweiligen
Teil der Wahrheit zu verschweigen.

In zahlreichen Rückblenden füttert uns Petra Hammesfahr mit Informationen, die in mehrfacher Hinsicht in die Katastrophe führen. Wir lernen

Familien im Umfeld der Familie Brenner kennen, die durchaus auch in jeder anderen Nachbarschaft leben könnten. Das macht diesen psychologischen Spannungsroman so lebensnah. Während wir mit den Eltern der kleinen Emilie bangen, hält Petra Hammesfahr uns den einen und anderen Spiegel vor. Darin sehen wir möglicherweise Dinge, die so gar nicht existieren, und solche, bei denen wir gar zu leichtfertig wegschauen. – Ein vielschichtiger Roman über ein schreckliches Thema. – KEN.

Gebundene Ausgabe: 496 Seiten; Diana Verlag, München;
ISBN: 978-3-453291-55-3

Kati Hiekkapelto
»Kolibri«

»Mein erster Arbeitstag ist noch nicht zuende, und ich habe schon ein potenzielles Ehrenverbrechen, einen brutalen Mord und einen widerwärtigen Kollegen am Hals.« Anna hat einen echt harten Start bei ihrer neuen Stelle als Ermittlerin. »Aber hatte ich etwas anderes erwartet?«

Was bedeutet das Amulett der beiden Toten?

Kati Hiekkapelto war eine der herausgehobenen Autorinnen auf der Frankfurter Buchmesse 2014 mit Finnland als Gastland. Mit ihrem ersten Roman wird der ehemaligen Lehrerin gleich besonders viel Aufmerksamkeit zuteil. Ich finde, das ist in Ordnung so.

Anna Fekete muss sich gleich am ersten Tag mit dem gewaltsamen Tod der 19-jährigen Riikka befassen, die auf einem abgelegenen Joggingpfad mit einem Schrotgewehr erschossen wurde. Sie wird nicht die einzige bleiben, und der Fall wird immer komplizierter dadurch, dass es weitere Morde geben wird, die zunächst einmal nichts miteinander zu tun haben. Allerdings werden sie immer brutaler.

Esko Niemi wird bei den Ermittlungen Annas Partner sein, ein rassistischer Kotzbrocken, der zu einem guten Schluck nicht Nein sagt und für den eine Kollegin mit ungarischen Wurzeln das wirklich Letzte ist. Anna nimmt die Herausforderung an. Gut geht es ihr nicht, denn der Fall der toten Joggerin ist schon kompliziert genug.

Zudem hat Anna privat einiges um die Ohren: Sie fühlt sich irgendwie verantwortlich für einen Nichtsnutz von Bruder, der sich auf ihre Kosten durchschnorrt. Und ihr Ex ist noch immer nicht ganz der wirklich Ehemalige.

Riikkas Freund ist verschwunden und damit für die Ermittler einer der nahe liegenden Verdächtigen. Aber was hat bei alldem das Amulett zu bedeuten, dass auf einen Aztekengott mit unaussprechlichem Name verweist? Und was lernen wir schon bald dazu durch den Kolibri, nach dem der Thriller Kati Hiekkapeltis benannt wurde?

Aus irgendeinem unerfindlichen Grund sind Finnisch und Ungarisch verwandte Sprachen. Wie Finnen und Ungarn miteinander zurechtkommen, finde ich über den Roman hinaus erhellend. Die Finnen sind nicht einfach die Kühlen aus dem Norden. Bei ihnen stellt sich das Thema der Einwanderer auf eine Weise dar, wie sie Mitteleuropäern so kaum bekannt sein dürfte.

Kati Hiekkapelto lässt ihre Helden an diesem interkulturellen Problem teilnehmen und damit auch uns, ihre Leser. Es gibt in Finnland eben nicht nur die Samen oder Lappen, wie sie bei uns eher heißen, als kulturelles (Konflikt-) Thema. Es gibt auch die Flüchtlinge und Asylsuchenden aus dem ehemaligen Jugoslawien und Menschen aus dem russischen Sprachraum, mit denen sich Finnen wie Esko Niemi nahezu unerträglich schwertun.

In dieses Umfeld eine selbstbewusste und starke Anna Fekete als Ermittlerin zu pflanzen, ist eine Herausforderung, die Kati Hiekkapelto sehr gut meistert. Der gemeinsame Nenner zwischen den Bösen und denen, die das Gute zu seinem Recht verhelfen möchten, ist in »Kolibri« dabei das Joggen. Das ist vielleicht sogar eine Leidenschaft der Autorin. Auch wenn ich hier – sogar joggend – mitgehe, war mir diese Gesundheitsmission manchmal doch zu aufdringlich. Trotzdem ...

Ich wäre neugierig auf eine Fortsetzung der Geschichte von Anna Fekete durch Kati Hiekkapelto. »Kolibri« wird bereits als Bestseller der aktuellen finnischen Spannungsliteratur gewertet. Mein Wunsch wäre, dass Anna Fekete bei einem zukünftigen Auftritt gelingt, ihre Vergangenheit und ihre kaputten Beziehungen hinter sich zu lassen und befreiter zu gestalten, was an Katastrophen noch vor ihr liegt. – KEN.

Broschiert: 464 Seiten; Heyne Verlag, München;
ISBN: 978-3-453269-36-1

Wolfgang Ruehl
»Der Ikarus-Komplex«

Wolfgang Ruehl bewegt sich mit »Der Ikarus Komplex« zwischen einer ebenso erschreckenden wie faszinierenden neurowissenschaftlichen Vision und dem Traum vom Fliegen. In beiden Bereichen kann jemand sehr hoch aufsteigen und um so heftiger abstürzen. Auf den verschwundenen Professor de Jager trifft das alles gleichzeitig zu.

Kopflos mitten in Afrika – mit Folgen für den Rest der Welt

Ein geheimes Forschungsprojekt mitten in Mali wird von größenwahnsinnigen Kaderoffizieren aus China gesteuert. Sehr schön von Autor Wolfgang Ruehl beschrieben, übertragen sie das Prinzip der »natürlichen« Genveränderung im Tierreich künstlich auf höher entwickelte Organismen. Lässt sich sogar menschliches Verhalten auf diese Weise steuern? Kann jemand mit gezüchteten Geninformationen am Ende durch ein Nasenspray zu einem Killer umprogrammiert werden? Sind die freigesetzten Informationen bei höheren Lebewesen kontrollierbar, wenn das schon bei Pflanzen nicht möglich zu sein scheint?

Nicht nur Professor de Jager und die Mitarbeiter seines Instituts finden solche Ideen faszinierend. Als de Jager wie vom Erdboden verschwindet, engagiert die Dekanatsleitung deshalb den Privatermittler Trond Faksen. Trond ist im Grunde ein widerlicher Kerl, aber schlau genug um zu erkennen, dass die besorgten Kollegen auch ein inoffizielles Interesse daran haben, ob de Jager gefunden und wie mit seinen Forschungsergebnissen umgegangen wird.

Trond wird für seine Ermittlungen nach Mali reisen müssen, dem Heimatland des genialen, schwulen Automechanikers Swartsman, der containerweise Ersatzteile in Europa kauft, während die Menschen in seiner Stadt spurlos verschwinden. Das heißt, nicht ganz. In der Regel finden sich ihre Leichen ohne die dazugehörigen Köpfe: Mitten in Afrika, wo die

Welt normalerweise gar nicht erst hinschaut, findet ein grausiges Experiment mit Menschen und ihren Gehirnen statt.

Was auch immer dort erforscht wird, schon bald werden sich die chinesischen Assistenten des Teams um Professor de Jager als Kopisten in einem Parallel-Labor erweisen. Trond Faksen wird versuchen müssen, Professor de Jager zu finden und nebenher eine Katastrophe von der Menschheit abzuwenden.

Die Geschichte beginnt auf einem vielversprechenden Niveau. Wir erfahren von Wolfgang Ruehl also einiges darüber, wie Ameisen dazu veranlasst werden, sogenannte Prionen, also Eiweißketten mit verhaltensrelevanten Informationen in die Nahrungskette von komplexeren Tierarten zu transportieren. Ließe sich das Prinzip auf Menschen übertragen, könnte man damit deren Gedächtnisleistung steigern oder sie genauso gut zu Killermaschinen machen. Für beides gibt es Interessenten.

Dass solch eine Perspektive schnell zur Obsession, zur Besessenheit, werden kann, lässt sich zumindest vermuten. Wahrscheinlich träumen manche Neurophysiologen tatsächlich von der Verhaltenssteuerung durch eine Manipulation von Genen.

Träume und Obsessionen – das ist die Schnittmenge zum Fliegen und zu Wolfgang Ruehl, der in Köln lebt und sich selbst als Träumer bezeichnet. Seine Kapitel über die Geschichte des Fliegens in »Der Ikarus-Komplex« sind auch unabhängig vom Roman lesenswert: angefangen vom Schneider von Ulm über die »Irren der Lüfte« nach Louis Blériot, der 1909 als Erster den Ärmelkanal überflog und die legendäre Kunstfliegerin Elly Beinhorn-Rosenmeyer (1907-2007) bis hin zu den Raketenbauern, für die es während und nach dem Zweiten Weltkrieg nie senkrecht und niemals hoch genug hinaus gehen konnte.

Was den Forschern ihr Wissensdrang, das ist den Fliegern ihre Leidenschaft, über den Wolken alle Grenzen auszureizen und für die Erweiterung dieser Grenzen sogar das eigene Leben mit auf die Karte zu setzen. Dass sie dabei abstürzen könnten, wie der legendäre Ikarus, als er der Sonne zu nahekam, ist ein Risiko, dass Flieger und Forscher teilen.

Irgendwie verliert die Geschichte hier an Festigkeit. Wolfgang Ruehl riskiert meiner Meinung nach bei seinem erzählerischen Flug sehr viel, vielleicht sogar zu viel. Die Schädel der Toten und die Prione werden zur Nebensache, der schwule Automechaniker aus Mali bleibt vor allem als einer der besten »Fitter« in Erinnerung, obwohl es in anderen Teilen Westafrikas technisch gleichermaßen bewanderte Mechaniker gibt – historisch gesehen sogar besser begründbar.

Swartsman wird für die Verknüpfung des »Ikarus-Komplexes« zu den Kopflosen und Traditionalisten in seinem schwer gebeutelten Dorf sorgen müssen. Als Trond Flaksen vor Ort Witterung aufnimmt, werden die Chinesen unter Commander Wu schon bald gezwungen sein, ihren eigenen Kopf zu retten. Und Professor de Jager wird mühsam lernen, wie weit er den Bogen seiner Leidenschaft für die Forschung und das Fliegen unter diesen Bedingungen tatsächlich spannen kann.

»Der Ikarus-Komplex« beginnt als spannender Wissenschaftsroman. Dass Wolfgang Ruehl seine Geschichte vor allem nach Afrika verlegt, erinnert an die Erregerübertragung von Affen, Schafen und Rindern auf Menschen. Von seiner Geschichte der Fliegerei bleibt schon bald vor allem die Besessenheit übrig, die Forscher und Flieger für ihre jeweiligen Themen entwickeln. Der kulturanthropologische Ausflug mit Swartsman in den »informellen Sektor«, die Welt der Automechaniker Malis, ist der dritte Strang, dem wir mit Wolfgang Ruehl folgen.

Jedes dieser Themen wäre für sich einen Roman wert gewesen. So bleibt ein bisschen Verwirrung über unabhängig wirkende Fäden, die sich nach über 400 Seiten dann doch noch dankbar zu einer gemeinsamen Geschichte verbinden. – KEN.

Wolfgang Ruehl
»Der Ikarus-Komplex«
Broschiert: 480 Seiten; Südwestbuch Verlag, Stuttgart;
ISBN: 978-3-944264-48-6

Max Barry
»Lexicon«

In Max Barrys Roman spielt Sprache eine wichtige Rolle, nicht nur weil sich Geschichten sonst kaum erzählen ließen. In »Lexicon« wird eine ganze Stadt mit einem sogenannten Blankwort vernichtet. Solche Katastrophen ließen sich nur verhindern, wenn die entscheidenden Wörter aus dem Vokabular der »Dichter« gelöscht würden.

Düster, fies und trotzdem irgendwie menschlich

»Du bist der Schlüssel zu einem Gegenstand von biblischer Kraft«, sagt Eliot, Lehrer und »Dichter« einer geheimnisvollen Schule im Osten der USA. Er sagt das zu Will Parke, dessen Entführung auf einer Flughafentoilette er gerade noch verhindern konnte. Eliot meint es ernst: »Die interessieren sich nicht für irgendwelche Placebos.«

»Die« sind die Betreiber eines geheimnisvollen Internats für den Umgang mit Sprache. Sie nehmen das Biblische ziemlich ernst, denn wenn am Anfang das Wort war – ohne das nichts werden kann –, dann kann das Wort auch als mächtige Waffe genutzt werden, um vieles ins dieses Nichts zurück zu verwandeln. Die Kategorie der mächtigsten Wörter heißt »Blankwort«.

Eine der jungen Schülerinnen ist die 16-jährige Emily, die auf den Straßen von San Franzisco von einem Talentscout entdeckt wurde. Als Diebin und mit ihren Kartentricks hat sie eine großartige Grundbegabung, Menschen zu manipulieren und ihnen das Geld aus der Tasche zu ziehen.

Leider haben die Wortgewaltigen mit den Namen von Dichtern den Unabhängigkeitsdrang Emilys unterschätzt. Nach Jahren auf der Straße darf ihr niemand vorschreiben, wie sie ihr Leben zu führen hat, erst recht nicht, ob sie sich verlieben darf. Genau damit verstößt Emily gegen die Hausordnung.

Wenig später ist die Gemeinde Broken Hill eine Geisterstadt ohne Überlebende und wird zur Katastrophenzone erklärt. Die »Dichter« gehen davon aus, dass sich das zerstörerische Blankwort noch in Broken Hill befindet. Und sie wollen es zurückhaben.

Dass »Lexicon« an Hogwarts und die üblichen Fieslinge rund um Harry Potter erinnert, kann ich gut ertragen. Beeindruckt hat mich vor allem, wie geschickt Max Barry selbst mit der Sprache umgeht, um uns mit seiner Geschichte zu unterhalten. Eine Passage, auf die sich jeder freuen kann, ist beispielsweise Will Parkes Begegnung mit Broken Hill, das er nur deshalb betreten kann, weil er im Gegensatz zu Eliot immun gegen die Worte der abtrünnigen Dichter zu sein scheint. Das jedenfalls ist die offizielle Version in »Lexicon«.

Den Rest werden die Worte offenbaren müssen, die Max Barry hier auf knapp 460 Seiten zusammengestellt hat. Er nimmt für seine Grundidee auch Anleihen bei Persönlichkeitsprofilen, mit denen Mitarbeiter von Unternehmen ebenso wie ganze Käuferschichten typologisiert werden. Dass damit der Umsatz und der Anzeigenerfolg mit geringstem Aufwand steigen sollen, gehört spätestens seit Myers-Briggs, Socionics und Google zum Grundwissen unserer ganz normalen, manipulativen Welt.

Max Barry arbeitete für den Computerriesen Hewlett-Packard, bevor er sich dem Schreiben widmete. Vielleicht ist »Lexicon« damit auch ein bisschen Warnung davor, gar zu leichtsinnig mit Informationen umzugehen, mit denen wir uns in den neuen Medien immer gläserner machen. Und was, wenn auch das nur die Spitze des Eisberges wäre ... – KEN.

Broschiert: 464 Seiten; Heyne Verlag, München;
ISBN: 978-3-453269-11-8

Gemischtes

Um alte und neue Lebenskonzepte geht es unter anderem in diesem Gemischtes-Kapitel, um Glück, Verhandeln mit eher aggressiven Mitteln oder gar ganz praktische Hinweise für die Recherche im Internet.

Erwin Wagenhofer, Sabine Kriechbaum und André Stern fragen zum Beispiel nach neuen Bildungskonzepten. Für »alphabet: Angst oder Liebe« begleiteten sie mehrere Jahre lang Lernende und Lehrende in unterschiedlichen Teilen dieser Welt.

Theresa Bäuerlein und Friederike Knüpling stellen die »Tussikratie« auf den Prüfstand. Was können Frauen von heute von Thusnelda, der Gattin Herrmann des Cheruskers lernen? Und was sollten sie besser lassen?

Ähnlich kritisch geht Caspar Dohmen in »Otto Moralverbraucher« mit unserem Kaufverhalten um. Vielleicht sind wir ja weit entfernt von unseren offiziellen Werten, wenn irgendwo wieder einmal ein Sonderangebot winkt ...

So wenig wie Dohmen beim Konsum glaubt Friedrich Schmidt-Bleek in »Grüne Lügen« daran, dass der Schein in der Umweltpolitik der Wirklichkeit nahekommt. Immer geht es um wirtschaftliche Interessen, zu denen sich nur wenige offen bekennen.

Da haben es Jay Conrad Levinson und Donald Wayne Hendon in »Guerilla Deals« leichter. Sie zählen unzählige mehr oder weniger schmutzige Verhandlungstricks auf, die man besser kennt, bevor man es mit Verhandlern wie ihnen zu tun bekommt.

Timothy Ferriss ist ein Freund der kurzen Wege, sei es im Zeitmanagement, in der Fitness und jetzt mit »Der 4-Stunden-(Küchen-)Chef« in der Küche. Dort passieren angeblich die meisten Unfälle – und werden trotzdem gegessen.

Erwin Wagenhofer, Sabine Kriechbaum, André Stern
»alphabet: Angst oder Liebe«

»98 Prozent aller Kinder kommen hochbegabt auf die Welt. Nach der Schule sind es nur noch 2 Prozent.« – Diese Aussage ist für den österreichischen Dokumentarfilmer Erwin Wagenhofer der Anlass, sich in »alphabet« zwei Jahre lang dem Thema Bildung zu widmen. Auch im Buch zum Film.

Kann Beziehung Erziehung ersetzen?

Wie in »We Feed the World« und »Let's Make Money« ist auch das Ergebnis von »alphabet« erschütternd. Nein, in der Schule entdeckt niemand die Welt. Sie besteht im Wesentlichen aus dem Drill, damit der Bildungsbedarf den Bedürfnissen der Erwachsenenwelt entspricht: hauptsächlich wirtschaftlichen Kriterien, ohne dass die Wirtschaft die Verantwortung für die Jugendlichen wirklich übernimmt.

So ist mit dem Abitur die Schule vorbei, aber selbst erstklassige Noten sind noch lange keine Garantie für die Fortsetzung des Erfolgs in der Berufsausbildung, beim Studium und im Erwerbsleben danach. Die Kindheit ist dann allerdings bereits vorbei, wie eine Schülerin sagt. Gerne würde sie die Nachmittage frei haben, und es graust ihr bei dem Gedanken, ihren eigenen Kindern irgendwann sagen zu müssen, ihre eigentliche Kindheit hätte vor allem aus Computerspielen und Chatten bestanden. Für mehr hätte es bei dem engen Lehrplan nicht gereicht.

»alphabet« von Erwin Wagenhofer, Sabine Kriechbaum und André Stern führt ihre Leser zu den Stationen des Films, schildert die Begegnung mit Deutschlands am längsten dienenden Personalchef Thomas Sattelmann, fügt Sequenzen aus Gesprächen mit dem Hirnforscher Gerald Hüther ein. Es zitiert Begegnungen mit Schülern in China ebenso wie die Selbsteinschätzung von zukünftigen Führungskräften aus der Managerschmiede von McKinsey.

Auch Pablo Pineda kommt vor, der in dem Film »Yo, también« sich selbst spielte – einen völlig unterschätzten jungen Mann mit Trisomie 21. Diese Genvariante führt zum »Downsyndrom« und normalerweise zu dem aufgedrängten Schicksal, schulisch nicht belehrbar, im Extremfall behindert zu sein. Pablo Pinada jedoch setzt sich über alle Vorurteile hinweg und schloss trotz seiner Trisomie 21 als Erster in Europa mit einem Universitätsexamen ab.

Auch das fand ich erschütternd: Die Zahl der ADHS-Patienten steigt enorm und damit der Bedarf an Medikamenten, der die Zappelphilippe mit ihrem Aufmerksamkeitsdefizit mit und ohne Hyperaktivität ruhigstellen soll. 1993 wurden in Deutschland lediglich 34 Kilo verkauftes Ritalin registriert, 2010 waren es 1,8 Tonnen (!). Allein in Deutschland schlucken 700.000 Kinder die Zappel-Pille. Sie selbst und/oder ihre Eltern kommen mit den Ausbildungsansprüchen »der Gesellschaft« nicht mehr zurecht.

Ich fürchte nach »alphabet«, dass sich die Spirale der Bildungskatastrophen weiter drehen wird. Die PISA-Studie schürt zusätzlich einen internationalen Wettbewerb, der vor allem die Erfüllungsquoten im Sinn der Wirtschaft misst. Mit einer kreativen, mitmenschlichen Vorbereitung auf das Leben hat das wenig zu tun. Und schon gar nicht mit einer erfüllten Kindheit, in der das Lernen automatisch geschieht, denn – wie gesagt – 98 Prozent der Kinder kommen hochbegabt auf die Welt.

Nicht nur die Schulen selbst spielen eine Rolle, wenn hinterher nur noch 2 Prozent Hochbegabte übrig bleiben. Auch Eltern sind mitverantwortlich, wenn sie für ihre Kinder statt nur das Beste zu wollen auch wollen, dass sie die Besten sind. Ab einem bestimmten Alter entscheiden dann auch die Kinder selbst mit, ob sie sich auf die Modelle von Eltern einlassen, die sich für Alternativen einsetzen. Vielleicht wollen sie sich jedoch bereits dem aufdringlichen Werben des modernen Konsums und der Medien unterordnen ...

Parallel zu den direkten Filmbezügen berichten die Autoren, wie es anders gehen könnte und wie natürliches Lernen funktioniert. Antonin kommt auf die Welt und darf die Welt auf seine Weise entdecken. Auch wenn er irgendwann doch mit den Sicherheitsbestimmungen des Flugpersonals konfrontiert werden wird und jeder veröffentlichte »Eltern-bericht« sich der Legende nähert, beobachten seine Biographen genau, wie Antonin sich ohne äußere Zwänge seine Welt erobert. Noch weiß er nichts davon, was diese Welt von ihm erwarten könnte. Noch ist er auch geschützt von allem, was für ausschließlichem Leistungsdruck steht.

»alphabet« ist ein großartiges Projekt, technisch, vielseitig, einfühlsam und wie auch immer. Schade, dass es sein musste, um uns wachzurüt-teln. – KEN.

Erwin Wagenhofer, Sabine Kriechbaum, André Stern
»alphabet: Angst oder Liebe«
Gebundene Ausgabe: 216 Seiten; Ecowin Verlag, Wien;
ISBN: 978-3-711000-41-5

Theresa Bäuerlein, Friederike Knüpling
»Tussikratie«

Oh nein, nicht noch ein Tussie-Buch als Seligsprechung für das einzig wahre Geschlecht! Zum Glück sagen die Tussikratinnen in diesem Band schon ziemlich bald, dass Frauen aufhören müssen, »ihr Frau sein permanent zum Argument zu machen, damit die Köpfe frei werden für eine Diskussion, die Männer UND Frauen weiterbringt.« – Na also, geht doch!

Warum Frauen nichts falsch und Männer nichts richtig machen

»Dies ist kein Buch gegen Frauen. Eigentlich sollte es nicht mal speziell über Frauen und schon gar nicht über Frauen-im-Gegensatz-zu-Männern-sein«, sagen Theresa Bäuerlein und Friederike Knüpling. Tussies sind für sie auch nicht die aufgebrezelten Weibchen aus der Disco von nebenan, sondern diejenigen wie Thusnelda, die Ur-Tussie und Gattin des Cheruskerfürsten Armenius. Der verprügelte 9 nach Christus in der Varusschlacht drei Legionen ansonsten übermächtiger Römer und wird seitdem als Befreier Germaniens gefeiert. Unter anderem mit einem Denkmal im ostwestfälischen Detmold. Thusnelda machte – zumindest in späteren literarischen Würdigungen – bedenkliche Erfahrungen mit Männern im Umfeld ihres Hermanns und wehrte sich heftig dagegen, als tumbes Weibchen ausgenutzt zu werden. Sie wollte nicht einfach als weitere Repräsentantin des »schwachen Geschlechts« respektiert werden.

Die »Tussikratie« ist keine weitere Kampfschrift von Frauen für Frauen: »Die Tussikratie ist der latente Druck, mit dem zurzeit über Geschlecht nachgedacht wird; der verhohlene Zwang, der kontrolliert, wer sich wie zu diesem Thema äußert, und die scheinbare Selbstverständlichkeit, mit der Geschlecht zum immer und überall geltenden Schlüsselbegriff gemacht wird.« – Das klingt eher nach Christine Bauer-Jelinek und »Der falsche Feind«.

»Tussikratie« ist ein Buch für Frauen, das auch Männer lesen sollten. Nicht jede Vergünstigung darf nach Bäuerlein/Knüpling mit dem Verweis auf das Geschlecht erstritten werden, schon gar nicht die Umkehr der Verhältnisse um Gleichberechtigung vorzutäuschen. Der Weg dahin ist noch ziemlich weit, wenn Boxerinnen in den Sportstudios die Frauenstunden bevorzugen, um die Kommentare der Männer einen Ring weiter zu vermeiden.

Noch ist wenig selbstverständlich, was Theresa Bäuerlein und Friederike Knüpling sich wünschen, damit das Geschlecht kein Argument mehr für vermutete und begrenzte Fähigkeiten sind. Zur Zeit ist das Frau sein in manchen »Männer«-Berufen sogar ein Einstellungsgrund, damit die Quote erfüllt werden kann. Das würde nach »Tussiekratie« unter geschlechtsbesessen gewertet und ist genau so diskriminierend gegen die Männer wie der Ausschluss der Frauen von der Arbeit an Drehbank und Amboss.

Die Zeiten haben sich geändert. Schon in den späten 1980ern hätte ich mir dieses Buch gewünscht. Damals waren Männer, die sich Beruf und Familie mit ihren Partnerinnen teilten, noch die faulen Säcke ohne Bock auf »richtige« Arbeit. Halbtags berufstätige Frauen galten als mehrfach belastet, weil sie nicht nur die Kohle heranschafften, sondern danach auch noch den Haushalt zu versorgen hatten. Eine Mitte war kaum vorstellbar.

Wer sich damals für ein Lebensmodell im Sinn von Theresa Bäuerlein und Friederike Knüpling entschied, muss demnächst mit ziemlich wenig Rente rechnen. Die Mitte hätte bedeutet, dass Frauen nicht nur tun können sollten, was Männer tun mussten. Es hätte auch bedeutet, dass Männer nicht hätten tun müssen, was Frauen bis dahin erspart geblieben war. Stattdessen feierten Frauen allen Ernstes den Zugang zur Bundeswehr. Die Pflicht dazu wurde auch für die Männer erst gut 30 Jahre später abgeschafft.

Wenn es um Frauen und Männer geht, landet man anscheinend immer irgendwann beim Sex. Selbst die Autorinnen der »Tussikratie«. Immerhin dürfen man(n) und frau ihre Position zu Pornos und Penisneid noch einmal überdenken. Theresa Bäuerlein und Friederike Knüpling leiten auch dazu mit einiger Wertschätzung an. Erstens gucken Frauen anscheinend genauso häufig wie Männer, und zweitens beleidigen Pornos im Grunde genommen Männer genauso sehr wie die Frauen. Ich bin mir nicht sicher, ob das wirklich immer zum Thema gehören muss, aber wenn, dann treffen die beiden Autorinnen hier einen besseren Ton. – KEN.

Theresa Bäuerlein, Friederike Knüpling
»Tussikratie«
Taschenbuch: 320 Seiten; Heyne Verlag, München;
ISBN: 978-3-453200-66-1

Caspar Dohmen
»Otto Moralverbraucher«

Nach ethischen Maßstäben einkaufen, ist gar nicht so einfach. Durch Boykott oder Buy-kott auf aktuelle politische Entscheidungen Einfluss nehmen, ist noch schwerer. Der Otto Normalverbraucher könnte ein politisch engagierter Verbraucher sein. Aber verhökert er damit eher die Moral, die er vertritt? Ist er damit ein »Otto Moralverbraucher«?

Vom Sinn und Unsinn engagierten Konsumierens

Caspar Dohmen glaubt, dass (politisch) engagiertes Konsumieren nur zu oft das Gegenteil der eigentlichen Absicht bewirkt. Engagierte Verbraucher wollen eine bessere Welt. Ob ihr Versuch einer Transformation der aktuellen Wirtschaft gelingt, steht jedes Mal wieder neu in den Sternen.

Boykott als »privat organisierter freiwilliger Verzicht von Käufern, der sich gegen Unternehmen oder Staaten richtet«, ist eben nicht ohne Gegenentwürfe. Zumal das Embargo des eines Staats gegen einen anderen Staat mehr bewirkt wegen großflächiger Kontrollen bei Verstößen.

Caspar Drohnen zitiert unter anderem Klassiker unter den politisch motivierten Boykotts, zum Beispiel die Bürgerrechtsbewegungen in den USA. In den 1950-er Jahren konnten dort die schwarzen Minderheiten die Gleichberechtigung mit den Weißen wie in Schulen und öffentlichen Verkehrsmitteln durchsetzen.

Heute greift die systemische Vernetzung weiter – oder sie ist uns nur stärker bewusst. »Durch den Boykott eines Ölkonzerns entsteht noch kein einziges Windkraftrad«, sagt Caspar Dohmen. Dabei reduziert jedes mit bestem Willen aufgestellte Windkraftrad den Verbrauch an seltenen Erden und bedroht Lebensräume wie den des Roten Milan.

Nach Caspar Dohmen und »Otto Moralverbraucher« ist der reine Boykott systemisch gesehen ziemlich bedenklich. Schon wer – ideologisch bereits gut durchgewalkt und mit besten Absichten – einen Dritte-Welt-Laden betritt, müsse sich auf umfangreiche Gespräche einlassen. Einfach ein Pfund Kaffee kaufen, weil er lecker ist, geht danach ohne konsumpolitische Rechtfertigung nicht.

Nun ja. Wenn ich Kaffee will, dann bekomme ich ihn auch ohne Gewissensprüfung. Caspar Dohmen will damit sagen, dass ein moralisch gerechtfertigter Verbrauch nicht das Ende des Engagements sein sollte. Selbst »Bio« als Produktsiegel auf der Eierpackung ist keine Garantie dafür, dass die Hühner artgerecht oder nur innerhalb der bestehenden Gesetze gehalten werden. Wer verzichtet, verzichtet auch auf Unternehmen, die sich in etwas Neuem mit echter Nachhaltigkeit probieren. Längst versuchen engagierte Textilunternehmen im Preiskampf zu überleben, indem sie sich doch noch auf Kunstfasern und konventionelle Baumwolle einlassen.

Caspar Dohmens »Otto Moralverbraucher« richtet sich an den Verbraucher, der sich gar zu pauschal auf der Seite der moralisch Guten sieht. Meiner Meinung nach schwingt in diesem Titel die gleiche Qualität mit, die Caspar Dohmen seinen Konsumenten vorwirft. Ich schlage mich im Zweifelsfalls auf deren Seite, denn jeder Impuls zum Besseren könnte durchaus bewusst und mit bestmöglicher Absicht geschehen.

Denn leider sind unsere Systeme so komplex, dass jedes Engagement unvorhersehbare Reflexe auslösen kann. Die Banane, die wir heute aus politischen Gründen boykottieren, könnte schon morgen das wirtschaftliche Ende einer Großfamilie in Ghana einläuten. Auch die Moral, die wir auf unserer Seite vermuten, hat Folgen für das System. Wie kommen wir da heraus?

Als »Moralverbraucher« tituliert zu werden, ist jedenfalls keine Lösung. Das weiß auch Caspar Dohmen. Er wägt gegen die bewussteren Konsumenten ab und macht dann ein Angebot. Konsum ist das Eine und eine ziemlich private Absicht, die als Kleinvieh vielleicht auch Mist produziert. Am längeren Hebel sitzt trotz allem die Politik. Geht wählen – auch als Konsument! Denn wer die Urnen meidet, verzichtet auf den möglicherweise entscheidenden Einfluss.

Allerdings steht auf den meisten Produkten ein Haltbarkeitsdatum. Bei den Angeboten aus der Politik gibt es das nicht. Im Laden um die Ecke kann ich in fünf Minuten Produkte boykottieren, die seit den aktuellen

Nachrichten zur vollen Stunde unmoralisch sind. Probier' das einmal mit einem Volksvertreter gleich nach seiner Wahl!

Ich denke, das beides nötig ist: politisch engagiertes Konsumieren und bewusst auch am Konsum orientiertes Engagement mit den jeweiligen Möglichkeiten innerhalb der Politik. Moral ist ziemlich relativ, aber sollte es wirklich die der Guten sein, verdient sie eine Chance. Im Tandem mit der Politik verbraucht sie sich zumindest langsamer. – KEN.

Caspar Dohmen
»Otto Moralverbraucher«
Broschiert: 224 Seiten; Orell Füssli, Zürich;
ISBN: 978-3-280055-21-2

Timothy Ferriss
»Der 4-Stunden-(Küchen-)Chef«

Als Timothy Ferriss seinerzeit »Die 4-Stunden-Woche« veröffentlichte, war ich begeistert wegen seiner Tipps zum Zeitmanagement. Andersseits: Was macht jemand mit all der freien Zeit, die er dadurch gewinnt? Timothy Ferriss empfahl zwischendurch, sich um den Körper zu kümmern, jetzt bietet er Lernen in Rekordzeit an – plus Kochen.

Kochen als Modell für Leistung mit Genuss

Timothy Ferriss wird in den USA als einer der 100 innovativsten Köpfe gefeiert. Er widmet sich den entscheidenden Problemen von heute: Zeit, Gesundheit und Lernen. Vielleicht ist »Der einfache Weg, zu kochen, wie ein Profi, zu lernen, was immer Sie möchten, und das gute Leben zu leben« sein bisher wichtigster Beitrag.

Timothy Ferriss steht auch in seinem Koch- und Lernbuch für Schnelllebigkeit und das berühmte »man lebt nur einmal«, das Leistung als natürlichen Gegner von Tradition jederzeit vom ersten Platz auf dem Treppchen verdrängt. So wurde er in kürzester Zeit Spitze im Sumo-Ringen und Kickboxen. Wenn es auf Sekunden ankommt, belüftet er schon mal Spitzenweine mit dem Stabmixer, statt ihn stundenlang atmen zu lassen.

Das Prinzip hinter dem Erfolg von Timothy Ferriss ist ziemlich einfach: Finde heraus, was jemand exzellent macht, wie der stromlinienförmige Michael Phelps als einer der 0,5 weltbesten Schwimmer überhaupt. Dann finde heraus, was ein mopsiger Japaner namens Shinji Takeuchi gegen jedes bessere Wissen um bestehende Trainingskonzepte anders macht, um unter die 5 Prozent zu gelangen, die fast so gut sind wie der vielfache Olympiasieger. Tue also im Zweifelsfall genau das Gegenteil dessen, was alle anderen als eigentlichen Grund für eine Spitzenleistung annehmen.

Der »Erfolg« gibt Timothy Ferriss irgendwie Recht. Er analysiert Schwachstellen in Systemen und bricht mit allen Regeln, um in jeder Disziplin ganz vorne mit zu spielen. Er ist innovativ, weil er in Frage stellt, was jeder für entscheidend hält.

Sein »Der 4-Stunden-(Küchen-)Chef« bricht sogar die Regeln eines traditionellen Kochbuchs. Timothy Ferriss hat guten Grund dazu: Seine Landsfrauen und -männer aus den USA sind so unglaublich fett, dass klassische Kochbücher sie ebenso wenig erreichen wie ihre Urgroßmütter, die noch ein gesundes Mahl auf die Tischplatte zaubern konnten. Und Deutschland mit seinen lebens-, und manchmal sogar karrierehungrigen Mitmenschen der Generation neue Medien ist nicht weit davon entfernt. Nichts kann schnell genug gehen, und am Herd – den fast jeder noch immer hat – schon mal gar nicht. Hier ist Timothy Ferriss grundamerikanisch und stets auf der weltweiten Suche nach hervorragenden Leistungen, die Zeit sparen helfen und gleichzeitig den Genuss maximieren sollen.

Aber zumindest für die USA und seine Nachahmer, die im Rest der Welt ihr Übergewicht ebenfalls nicht mehr ausstehen können, ist Timothy Ferriss ein Held. Er beschreibt einfache Rezepte, die wir mit einem Notfall-Kit auch im Hotelzimmer nachkochen könnten. Er bietet Hinweise für das notwendige Minimum an Küchenutensilien für jeden Anlass vom 5-Sterne-Hotel über das Campen im Wald bis hin zur ersten Mahlzeit nach dem Absturz, bei dem wir uns auf der Bank im Park wiederfinden. Ferriss erklärt auch dem Touch-Screener von heute, wie man Daumen und Finger nutzt, um sich beim Gemüseschneiden nicht die Hand abzuhacken.

»Der 4-Stunden-(Küchen-)Chef ist ein buntes Buch zum Schmökern, Hin- und Herblättern. Die Generation Y bleibt mit ihrer vermutet kurzen Aufmerksamkeitsschwelle eben nicht gerne auf einer Stelle. Sie würde neben zwei dringenden Facebook-Einträgen eine Mayonnaise über das Gut auf dem Grill gießen und danach 112 wählen.

Das entscheidende Beiwerk neben Taubenfangen auf der Parkbank, ungewöhnlichen Proteinen à la »Rock ›n' Aal« ist die Lernstrategie von Timothy Ferriss als Schlüssel zu seinem »Learning-to-Go«:

ZARR steht für:
- Zerlegung: Wie lauten die kleinsten erlernbaren Einheiten, die LEGO-Steine, mit denen ich beginnen sollte?
- Auswahl: Auf welche 20 Prozent dieser Bausteine muss ich mich konzentrieren, um 80 Prozent des erwünschten Ergebnisses zu erzielen?

- Reihenfolge: In welcher Reihenfolge muss ich mir die Bausteine aneignen?
- Risiko: Wie erhöhe ich das mit einem Abbruch verbundene Risiko so, dass sichergestellt ist, dass ich bis zum Ende durchhalte?

Und es gibt einen ergänzenden Plan: KafFEe.
- Kompression: Kann ich die wichtigsten 20 Prozent zu einem leicht verständlichen Einseitendokument zusammenfassen?
- Frequenz: Wie häufig sollte ich üben? Kann ich das pauken, und wie sollte mein Zeitplan aussehen? Mit welchen Schmerzen muss ich rechnen? Wie sieht die minimale effektive Dosis aus?
- Eselsbrücken: Wie kann ich neues Material zwecks rascher Abrufbarkeit in dem verankern, was ich schon weiß?

Tatsächlich ist das eine gute Lernstrategie, und der Erfolg bestätigt Timothy Ferriss: Das beschleunigte Lernen muss nicht zufällig bleiben. Sprachen können – wie vieles andere – mit der richtigen Methode durchaus in Monaten statt in Jahren gelernt werden. Das gilt auch für das Kochen, denn Essen und Trinken hält Leib und Seele zusammen. Timothy Ferriss zeigt, dass wir bei jeder Mahlzeit, die wir selbst zubereiten, unsere Lernstrategien für jeden weiteren Lebensbereich optimieren können.
Ob wir das für Dreipunktewürfe im Basketball nutzen, um ein Huhn zu schlachten oder Chinesisch zu lernen, ist dabei ziemlich schnuppe. ZARR und KafFEe sind die Abkürzung zu Fähigkeiten, die wir uns schon immer wünschten, aber nie zu erwerben wagten. Schlechter oder gar nicht ging ja immer, war aber vermutlich alles andere als reizvoll.
Kochen ist ein Modell für Leistung mit Genuss. ZARR und KafFEe sind Elemente einer Lernstrategie, die es wert ist, ausprobiert zu werden. – Ich weigere mich trotzdem, mein Essen in einem Plastikbeutel zu garen, weil ich zu faul sein könnte, hinterher die Kasserolle zu schrubben. – KEN.

Timothy Ferriss
»Der 4-Stunden-(Küchen-)Chef«
Gebundene Ausgabe: 658 Seiten; GABAL Verlag, Offenbach;
ISBN: 978-3-869365-85-5

Jay Conrad Levinson, Donald Wayne Hendon
»Guerilla Deals«

»Die Psychologie des subtilen Verkaufens« lautet der Untertitel zu »Guerilla Deals«. Subtil und Guerilla scheinen hier nicht wirklich zusammen zu passen. Jay Conrad Levinson und Donald Wayne Hendon haben ohnehin nur eines im Sinn: Jede noch so manipulative Taktik nutzen, um einen Handel abzuschließen!

Die Psychologie des subtilen Verkaufens

Wären die beiden US-Amerikaner als Verhandler weniger »erfolgreich«, könnte ich ihnen noch ein bisschen Offenheit für die Frage unterstellen, wie es ihrem Verhandlungspartner nach dem Abschluss wohl geht. Wer sich mit Levinson/Hendon anlegt, muss jedoch sowieso damit rechnen, dass sie eine zweite Verhandlungsbegegnung in diesem Leben nicht anstreben. Wo sie ernten, wächst kein Gras mehr. Sie ziehen in »Guerilla Deals« alle Register für den unvermeidlichen, erfolgreichen Abschluss.

Ihre Beispiele kommen durchaus aus dem richtigen Leben. So analysieren sie Verhandlungen von »großen Tieren« wie zwischen dem Baulöwen Donald Trump (* 1946) und dem ewig großen Vorsitzenden Chinas, Mao Tse-tung (1893-1976). Beide bereiteten sich mit extremem Aufwand auf ihre Verhandlungen vor: Angriff und Verteidigung, von der Berührung im richtigen Moment über die Wahl von Ort und Termin der Verhandlung bis hin zu jeder Menge schmutziger Tricks: Wann gibt es etwas zu Essen oder zu Trinken? Wer bekommt den größeren oder wackeligen Stuhl? ...

Die Grundhaltung in »Guerilla Deals« lautet, wer am Verhandlungstisch den Kürzeren zieht, ist einfach zu nett. 365 manipulative Taktiken sollen das ändern und eine gehörige Portion Aggressivität in die Verhandlung bringen. Danach gibt es – um jeden Preis – in jeder Verhandlung nur einen »Sieger«.

In »Das neue Verhandeln – Vom Schlachtfeld zum Verhandlungstisch« berichten Christoph Krüger und Peter Kensok, dass fiese Tricks jedoch oft auf die Anwender zurückfallen und selbst der mit dem längeren Ende sich oft trotzdem als Verlierer erlebt.

Bei Jay Conrad Levinson und Donald Wayne Hendon kann ich mir dieses Feingefühl nicht vorstellen und das spricht eigentlich gegen dieses Buch. Andererseits sollte jeder Verhandler damit rechnen, dass er es mit Gegnern (nicht Partnern!) in der Verhandlung zu tun hat, die sich am Verhandlungstisch als »Guerilleros« erleben. Vielleicht haben sie sogar »Guerilla Deals« gelesen und finden die Plaudereien der Autoren über erfolgreiche Verhandlungsschlachten erfrischend und amüsant. – Das muss man aber nicht. – KEN.

Gebundene Ausgabe: 256 Seiten; Orell Füssli, Zürich;
ISBN: 978-3-280055-14-4

Deborah McKinlay
»Die unverhofften Zutaten des Glücks«

Ich fand »Die unverhofften Zutaten des Glücks« desillusionierend. Vielleicht, weil ich einfach nicht möchte, dass die E-Mail-Korrespondenz quer über zwei Kontinente der Standard für den Schlüssel zum Glück sein soll. Andererseits: Warum sollte gerade das seit »e-m@il für Dich« mit Mag Ryan und Tom Hanks nicht möglich sein?

Ein Rezept zum Verlieben

Jack Cooper ist ein Mann in den besten Jahren, der sich hauptsächlich um eben diese besten Jahre kümmert. Wie es sich gehört, ändert an seiner Lebenskrise nichts, dass er Bestsellerautor ist. Das schließt den gewissen Wunsch nach Anerkennung ein und – hoffentlich – auch den nach einer wirklich ehrlichen Rückmeldung, am Ende sogar den nach einer liebevollen, leidenschaftlichen und inspirieren Beziehung.

Am anderen Ende der Welt, also England, steht Eve. Die 46-jährige möchte ihrer einzigen Tochter ein wunderschönes Ereignis schaffen, eine Verlobungsfeier, an die sie sich den Rest ihres Lebens gerne erinnern wird. Das ist für Eve mit ihrer gescheiterten Beziehung eine Herausforderung. Sie selbst hat wenig Kontakt zu ihrem Ex, aber ihre Tochter möchte die Beziehung zu ihrem Vater erhalten. Es wird zu Begegnungen kommen, die Eve bis dahin eher vermied.

Eve wirkt recht unsortiert und auf der Suche nach ihrem eigenen Weg. Sie beginnt ohne wirkliche Hoffnung auf Antwort eine Korrespondenz mit dem gefeierten Bestsellerautoren Jack Cooper. Überraschenderweise antwortet Jack. Die beiden scheinen sich altersmäßig nahe zu stehen; die Entfernung zwischen seiner und ihrer Heimatstadt ist dagegen unüberwindlich. Im Zeitalter des Internets korrespondieren die beiden über Identität und Lebensfragen – Autorin Deborah McKinlay nennt das »Briefe« –, und Eve und Jack werden einander in der Mitte dieses Lebens wichtige Berater, deren Zutaten zum Glück irgendwie von Rezepten verstärkt zu werden scheint.

Eve und Jack also lernen einander kennen. Das moderne Medium E-Mail würde man bei Menschen in diesem Alter dafür kaum erwarten. Tatsächlich wird es in ihrer Korrespondenz unter anderem um Rezepte gehen, die nichts anders betreffen als zum Beispiel selbstgekochte Marmelade. Eve und Jack teilen die Leidenschaft fürs Kochen. Es bedeutet für sie Lebensfreude, Trost und einen sicheren Ort in unruhigen Zeiten. Rund um Herd und Töpfen entwickeln die beiden eine immer tiefere Beziehung. Sie tauschen sich aus über familiäre Probleme, über den 50. Geburtstag, der für Jack ein drohendes Problem ist. Hinzu kommen Beziehungskrisen bis hin zu Scheidung auf der einen und einer Schreibblockade auf der anderen Seite, die das Ende des Bestsellerautoren bedeuten könnte.

Auf diese Weise sind die beiden einander Lebensberater: zwei Seelen, die sich irgendwo zwischen den Amerika und Europa USA im Daten-Äther begegnen. Aber werden sie einander dort auch wirklich finden? – KEN.

Gebundene Ausgabe: 288 Seiten; Heyne Verlag, München;
ISBN: 978-3-453269-05-7

John Niven
»Straight White Male«

John Niven ist klasse. Immer unverblümt in seiner Schreibe und vielleicht deshalb so glaubwürdig, was die Stärken und Schwächen seiner Helden angeht. Er macht sich und seinen Lesern einfach nichts vor. In »Straight White Male« schickt er den Drehbuchautoren Kennedy Marr ins Rennen – als einen Teil vom Ganzen der Literatur- und Filmindustrie.

Die Literatur- und Filmszene hinter den Kulissen

Kennedy Marr ist irisch, zynisch – und schwach: hart trinken, gut essen und ewig in fremden Betten trotz Tochter und seinen Ex-Frauen, für die er ordentlich zahlt. Er prasst, was das Zeug hält, schließlich lebt man nur einmal. Seine Endlichkeit erahnt er, als sich just an seinem Schwengel ein verdächtiges Knötchen zeigt.

Ohnehin ist der Ruhm verdächtig. Kennedy Marr hat mit seinen Büchern und Drehbüchern eine Menge Kohle gescheffelt. Aber nichts davon ist übrig, als der kalifornische Fiskus auf seinen Anteil besteht. Just in seiner britischen Heimat zeigt sich hier ein Ausweg, die Millionen Steuerschulden zu begleichen und einer Gefängnisstrafe zu entgehen.

Klingt irgendwie nach Uli Hoeneß ...

Kennedy Marr, ziemlich bankrott, bekommt also die Chance, für einen stattlichen Preis von der USA ein Jahr lang als Dozent ins »fucking Warwickshire« (England) zu ziehen. Er wird einer seiner letzten Exs, seiner Tochter, seiner Mutter in den letzten Zügen, seinem vernachlässigter Bruder und einem versnobten Universitätsklüngel nicht mehr ausweichen können. Außerdem wird in der Nachbarschaft ein Film gedreht, für den er das Drehbuch geschrieben hat und das er jederzeit den Empfindlichkeiten der weit jüngeren Schauspieler entsprechend anpassen soll. – Kann Kennedy Marr all das überleben?

Ich persönlich kenne die Film-Szene nur nebenher und die der Drehbuchautoren nur aus der Distanz heraus, die ich gesund finde. Wo Glamour tobt, wird falsch gelobt! Schein und Sein sind das Geschäft, dessen Nebenwirkungen uns John Niven nahebringt. Dass er seinem Helden Kennedy Marr, im Prinzip ein ebenso genialer wie erbärmlicher Wicht, am Ende doch eine zweite Chance ins (Dreh-) Buch seines Lebens schreibt, bedient das Klischee für einen jederzeitigen Neuanfang.

»Straight White Male« hat mir gefallen, vielleicht auch weil ich mich dabei immer wieder auf der Suche nach einen Grund erwischte, im Beruf und privat irgendetwas gut zu finden, obwohl wirklich alles dagegen spricht. Meine Meinung zu John Nivens Roman ist frei von diesen Bedenken: Ich bin davon überzeugt, dass er diesen Teil der Literatur- und Filmindustrie ziemlich gut beschrieben hat. – KEN.

Broschiert: 384 Seiten; Heyne Verlag, München;
ISBN: 978-3-453268-48-7

Friedrich Schmidt-Bleek
»Grüne Lügen«

Was Friedrich Schmidt-Bleek als »Grüne Lügen« bezeichnet, hat vor allem damit zu tun, dass ein großer Teil der Umweltbelastungen überhaupt nicht in unser Bewusstsein dringt. Egal ob die Politik argumentiert oder die Wirtschaft, es geht immer ums Geschäft und weit weniger ums Wetter.

Wie Politik und Wirtschaft die Welt zugrunde richten

Tatsächlich ist das Klima nur eines der vielen Aspekte dessen, was Friedrich Schmidt-Bleek »Augenwischerei« nennt. Grüne Pläne verhindern am Ende die Zukunftsfähigkeit der Gesellschaft. Es geht eben um mehr als darum, dass wir den Benzinverbrauch und den Feinstaub reduzieren, giftige Metalle sachgemäß entsorgen und Verpackungen weiternutzen. Diese Symptome sind nur die Folgen einer »systemisch falsch« aufgestellten Wirtschaft.

Selbst die Klimapolitik, die nur auf einen Teil unserer Umweltprobleme gerichtet ist, sollte nach Professor Schmidt-Bleek die tieferen Ursachen des Klimawandels nicht nur in der Energiepolitik suchen, sondern die Ressourcenintensität der Gesamtwirtschaft einschließlich der Energieversorgung als Ursache des Problems ansehen.

Ein Beispiel ist das Elektroauto. Vielleicht denken wir daran, dass wir eben kein Benzin verbrauchen, weil wir unser Auto an die Steckdose anschließen. Aber wir dürfen nicht vergessen, dass das Elektroauto neben Strom auch Materialien wie Kupfer verbraucht. Am Ende frisst die Einsparung beim Treibstoff den scheinbaren ökologischen Nutzen nahezu auf. Selbst bei der Windkraft werden seltene Erden verwendet, sodass der ökologische Schaden am Ende größer ist als der Vorteil, den uns die »grüne« Politik der meisten Parteien inzwischen unterjubeln möchte.

Ein weiteres Beispiel der »grünen Lügen« ist der Zusatz von Erdölalkohol. Am Ende konnten die Produzenten der Biomasse ihre Nahrungsgrundbedürfnisse nicht mehr, auch wenn die Produktion und der Export von Treibstoffen höhere Erlöse brachte als der Export von Nahrungsmitteln. Was ökologisch als machbar erschien, bedeutete für die betroffenen Menschen am Ende das Gegenteil.

Nach Professor Friedrich Schmidt-Bleek und »Grüne Lügen« ist die Gratwanderung zwischen ökologischer Sinnhaftigkeit und reiner Verschwendung ziemlich schwer. Es sind nicht die Nordamerikaner, die mit 75,3 kg im Jahre 2008 die meisten wirtschaftlichen Materialien täglich nutzten. Ihnen waren die Einwohner Ozeaniens und Australiens mit 98 kg noch voraus – im Vergleich zu den Europäern mit 40,2 kg. Am Ende der Kette standen die Afrikaner mit nur 14,5 kg wirtschaftlicher Materialien pro Tag. Man muss sich zum Vergleich vorstellen, dass die Produktion allein eines (!) Smartphones 71 kg natürlicher Materialien verbraucht. Selbst wenn die Handys unsere Jugendlichen ebenso wie die meisten Erwachsenen inzwischen den Großteil des Tages in Beschlag nehmen, ist das neben allem anderen, was Europäer, Amerikaner, Ozeaner und Australier zusätzlich verbrauchen, ziemlich viel.

Dabei können natürliche Materialien selbst beim Hochhausbau ökologischer verwendet werden. Holz hat selbst in diesem Bereich eine bessere ökologischer Bilanz als zum Beispiel Beton, für den Sand gebraucht wird. Sand ist in der Schweiz bereits die wichtigste Schmuggelware überhaupt! Sand wird nicht nur gebraucht für Spielplätze, Gebäude und Straßen. Er kommt auch in Chips für Computer, Kreditkarten, Geldautomaten und Glas vor, selbst in Lebensmitteln, Kosmetika und Solarzellen. Unsere Gesellschaft ist auf Sand schlichtweg gebaut! Die Kommunikationstechnologie, die wir jeden Tag genießen, wäre ohne Sand nicht denkbar.

Auf knapp 300 Seiten präsentiert uns Friedrich Schmidt-Bleek seine Gedanken dazu, wie wir nicht nur ökologisch im Sinne von »ökologisch verbrauchen« denken. Er inspiriert uns auch dazu, darüber nachzudenken, wie wir überhaupt verbrauchen. Manches ist eben ökologisch gesehen vorteilhafter repariert als neu gekauft. Vieles, was den nächsten Fortschrittsgedanken in sich trägt, ist nichts anderes als eben Augenwischerei, und vieles technologisch Machbare macht ökologisch keinen Sinn.

Friedrich Schmidt-Bleeks Appell sollte daher nicht ungehört verhallen: »Wir rufen die Regierungen (...) auf, Maßnahmen zu modifizieren, die derzeit noch Fortschritte in Richtung Zukunftsfähigkeit behindern, und Anstrengungen der Industrie und von Einrichtungen der Wissenschaft und Technik in diese Richtungen zu erleichtern, anstatt sie zu erschweren. Wir rufen Industrie und Nichtregierungsorganisationen auf, diese Veränderungen politisch zu unterstützen.«

Das Wichtigste dabei ist, Signale und Anreize, die Menschen und Gewerbe vom Markt erhalten, mit den ökonomischen und ökologischen Tatsachen in Einklang zu bringen. Das vorherrschende Merkmal am Markt ist der Preis, aber der ist meistens ökologisch unsinnig.

»Grüne Lügen« ist ein aufrüttelnder Beitrag dazu, die eigenen ökologischen Verhaltensweisen zu überprüfen. Vielleicht lässt sich das eine oder andere im Haushalt doch eher reparieren, statt es der Einfachheit halber neu zu kaufen. Am Ende geht es eben um mehr als darum, eine Klimakatastrophe zu verhindern. Denn das Klima macht nach Friedrich Schmidt-Bleek bei all dem Ressourcenverbrauch durch unseren Konsum nur ein Fünftel der tatsächlichen ökologischen Belastung aus. – KEN.

Friedrich Schmidt-Bleek
»Grüne Lügen«
Gebundene Ausgabe: 304 Seiten; Ludwig Buchverlag, München;
ISBN: 978-3-453280-57-1

Mathias Weber (Hrsg.)
»Das Web-Adress-Buch für Deutschland 2015«

Mathias Weber gibt mit »Das Web-Adress-Buch für Deutschland 2015« nun zum 18. Mal sein Nachschlagewerk heraus. Offline und ohne den Akku zu strapazieren, lässt sich damit der anschließende Besuch im Internet vorbereiten. Ich finde das Web-Adress-Buch in diesem Sinn pädagogisch wertvoll.

Pädagogisch wertvoll: Surftipps für das Internet

Statt hyperaktiv von Seite zu Seite zu springen, weil Popups den Bildschirm zukleistern und die Werbekosten in die Höhe jubeln, kann man seine Recherche von vornherein kanalisieren. Das spart am Ende Zeit: Wer weiß was er will, bekommt das Bestellte statt hundertfach anderes. Das gilt auch und erst recht im Internet. Vielleicht wären Schüler und Schulen damit eine gute Zielgruppe für das Buch.

In eigener Sache freue ich mich, dass www.globalscout.de und www.buecher-blog.net auch in der neuen Ausgabe mit kleinen Begleittexten zur Reiseseite und zu den Buchbesprechungen wieder dabei sind. Gemeinsam haben diese Projekte mit dem Web-Adress-Buch, dass sie zum auswählenden Lesen anregen und damit Tempo aus unserem hektischen Alltag nehmen.

Die erste Ausgabe des Web-Adress-Buchs erschien 1998 zeitgleich mit Googles Debüt als Suchmaschine. Beide haben bis heute durchgehalten. Google wird inzwischen als selbstverständlich hingenommen. Das Web-Adress-Buch findet dagegen als etwas ganz Besonderes immer wieder neues Lob in den Medien, als jährlich aktualisierte Landkarte im diffusen Datenäther.

»Das Web-Adress-Buch für Deutschland 2015« in der Buchversion auf Papier bietet viele Tausend übersichtliche Surftipps für jeden Lebensbereich, für den Anfänger bis hin zum Experten: »Das Web-Adress-Buch für

Deutschland« setzt mit der Ausgabe 2015 die bisherige Strategie fort, selektiv zu informieren, wo ein Überangebot an Informationen der verwirrende Normalfall ist. Das »Web-Adressbuch für Deutschland« wird in der Presse auch das »Standardwerk für das Internet« und die »Web-Bibel« genannt. Das passt. – KEN.

Broschiert: 672 Seiten; m.w. Verlag, Frankfurt am Main;
ISBN: 978-3-934517-46-2

Brigitte Witzer
»Die Diktatur der Dummen«

Brigitte Witzer hat neben ihrer Karriere als Geschäftsführerin eines Konzerns auch eine großartige akademische Laufbahn hinter sich: Studium, Promotion und Habilitation. Hut ab! Als freier Unternehmenscoach steht sie jetzt irgendwo zwischen Wirtschaft und Wissenschaft. Das ist auch ein guter Ort für ihr Buch »Die Diktatur der Dummen«.

»Die Gesellschaft verblödet, weil die Klügeren immer nachgeben«

Ihrer Dissertation zu »Führung und Menschenbild« hatte praktische Folgen: Brigitte Witzer gab ihre Karriere als Geschäftsführerin eines Konzerns auf. Das System Hochschule erlebte sie später als »zynisch« und verabschiedete sich davon ebenfalls. Zwischen Wirtschaft und Universität erlebt Brigitte Witzer sich jetzt endlich als unabhängig, frei und integer.

Sie schreibt und spricht über die Gesellschaft, über Verantwortungsethik und psychosoziale Entwicklungen, »insbesondere unter den Bedingungen des digitalen Zeitalters«. Das klingt noch wissenschaftlich tastend. Kaum auf Betriebstemperatur poltert Brigitte Witzer im Ton der Zielgruppe, gegen die sich die Klügeren wehren müssten statt sie zum Maßstab zu erheben.

Die Gesellschaft verblödet immer mehr, weil die Klügeren immer nachgäben, sagt sie. »Die Diktatur der Dummen« sei deshalb längst Realität. Ähnlich Deutschland sucht den Superstar (DSDS) sind Wahlen längst zu Deutschland sucht den Superpolitiker (DSDSP) verkommen. Die Gewählten haben vor allem Unterhaltungswert – falls überhaupt –, wobei sie von den Medien getrieben und vor allem der Wirtschaft verpflichtet seien.

Aus der Feder einer Professorin Dr., die irgendwie die Nase von vielem voll hat, liest sich diese Rundumklatsche gleich viel schlauer. Laut zwar, aber gut abgewogen. Die Dummen verbringen natürlich viel Zeit in sozialen Netzwerken. Sie lassen sich ihre Gefühle und Bedürfnisse von einer Werbung aufschwatzen, die vor allem den Konsum für billiges Zeug propagiert, den niemand zu fairen Preisen produziert und den am Ende niemand wirklich braucht.

Wäre Bildung noch ein Gegenmittel dagegen, reduziert sich das System immer weiter auf das, was die Schwächsten gerade noch leisten können. Damit kommen wir zwar bei PISA besser weg, produzieren aber selbstbewusste Hochschulabsolventen mit »Bachelor«, die dann erst einmal von den Unternehmen arbeitswillig und -fähig gemacht werden müssen.

Letztens im Biergarten haben nebenan am Stammtisch der Fankurve nach der dritten Runde die Leute das gleiche gesagt. Die meisten Kinder werden hochbegabt eingeschult. Jahre später entlassen wir sie ohne jegliche Lösungskompetenz mit bestenfalls der Fähigkeit zum sturen Auswendiglernen mit der »Allgemeinen Hochschulreife«.

Wer das Aussieben in überfüllten Hörsälen und die stark verschulten Inhalte übersteht, wird ein paar Semester weiter mit einem Universitätsabschluss entlassen, der internationalen Vorgaben genügt. Der Master gilt schon als Zweitausbildung. Wer darauf verzichtet und gleich in den Beruf möchte, tut das zum Bedauern der Unternehmen eher schlecht als recht auf dem Niveau von »keine Ahnung von vielem«. Statt am Ziel zu sein, beginnt der Weg erst einmal ganz von vorn – häufig sogar erst jetzt mit dem Abnabeln von der Herkunftsfamilie.

Auch ich fand es verdächtig, dass wir als Eltern eingeladen wurden, unsere »Kinder« zur Einführung der Erstsemester zu begleiten. Wir hatten schon an eine Schultüte als Geschenk gedacht. Wie 13 Schuljahre zuvor, nur diesmal mit Flaschenöffnern, Korkenziehern und Kondomen statt Federmäppchen, Buntstiften und Wachsmalkreiden.

Brigitte Witzer gibt jedoch nicht auf. Schließlich hat auch sie nach »weder Konzernkarriere« »noch Uni-Laufbahn bis zum Lebensende« eine weitere Lösung gesucht und zumindest vorerst auch gefunden.

Sie fordert Ihre Leser zum Beispiel auf, stärker in sich hineinzuhorchen, wo sie der Dummheit auf den Leim gehen. Sie appelliert an uns, genauer hinzuschauen, wenn uns in Talkshows, die die Welt bedeuten, irgendwelche kurzlebigen Götter vorgesetzt werden: Stars, Politiker, Helden. Sie will, dass wir wieder Fragen stellen – am besten gemeinsam mit Menschen aus Fleisch und Blut, die ebenfalls Fragen stellen, bereit sind zuzuhören und um Antworten ringen. Und schließlich plädiert sie für eine anspruchsvolle Bildung, eine unabhängige Forschung und Wissenschaft. Es gibt also noch Hoffnung und auf unterschiedlichen Ebenen viel zu tun. Jeder private oder öffentliche Beitrag im Sinn von Denken und Handeln hilft dabei, die »Diktatur der Dummen« gegen eine verantwortungsvolle Demokratie mit mündigen Bürgern zurückzutauschen. – KEN.

Brigitte Witzer
»Die Diktatur der Dummen«
Broschiert: 272 Seiten; Heyne Verlag, München;
ISBN: 978-3-453200-54-8

Sport und Gesundheit

Den Autoren in diesem Kapitel geht es vor allem um Ernährung und Gesundheitsbewusstsein. Letzteres bedeutet auch, wie wir uns überhaupt zur Medizin stellen. Wir müssen nach Irene Berres und Julia Merlot ja nicht allen Mythen rund um die Gesundheit glauben.

Bei der Ernährung sieht das schon anders aus: Bettina Matthaei und Ulrike Gonder beschreiben die »KetoKüche zum Genießen«. Das Kochen mit natürlichen Zutaten und viel Kokosnussfett macht Spaß und weist sogar aggressive Zellen in die Schranken.

Ganz anders berührt uns Michael Moss mit »Das Salz-Zucker-Fett-Komplott«. Es ist kaum möglich, sich der Geschmacksmanipulation durch weltweit agierende Konzerne zu entziehen. Leider sind sich die wenigsten dessen bewusst. Das würde auch Will Tuttle bestätigen. Zum Beispiel in »Ernährung und Bewusstsein«.

Daniel Dufour plädiert in »Wut ist gut!« dafür, mit der Wut zu leben, statt sie dauerhaft zu unterdrücken und langfristig gesundheitlichen Schaden zu nehmen. Einen anderen Weg, zu sich selbst zurückzufinden, zeigt uns Mirriam Prieß mit ihren Ansätzen gegen Burnout. Dazu passt, dass Günter Harnisch uns in »Endlich gut drauf!« seine Glücksstrategie vorstellt.

Es muss also nicht immer der Griff in die Hausapotheke sein. Nach Klaus Heilmann (»Zeitbombe Medikament«) hat das ohnehin unkontrollierbare Folgen für Mensch und Umwelt. Unterschätzen wir andererseits vielleicht sogar unsere Selbstheilungskräfte? Roswitha Stark verfolgt in »Der Heiler in Dir« einen anderen, spirituellen Ansatz als Beitrag zur Gesundheit. Worauf wir nach der Chinesischen Medizin achten sollten, lernen wir am Beispiel der Organuhr von Li Wu.

Bettina Matthaei, Ulrike Gonder
»KetoKüche zum Genießen«

Bettina Matthaei und Ulrike Gonder ist es gelungen, vom Aufstrich zum Frühstück über den Dipp für Zwischendurch bis hin zum Hauptgericht am Mittag appetitliche Mahlzeiten für die »KetoKüche« so zusammenzustellen, dass auch anspruchsvollere Esser satt werden. In den knapp 100 Rezepten fallen die Kohlehydrate nahezu weg.

100 Rezepte mit gesunden Gewürzen und Kokosnuss

Wenige Kohlehydrate und mehr Fett als gewöhnlich: dass ist ketogene Ernährung. Sie nutzt die Fähigkeit des Körpers zur Umstellung darauf, seine Energie vor allem aus Fetten zu gewinnen. Das betrifft Fette, die wir ohnehin im Körper haben, aber auch wertvolle Fette aus Kokosnüssen, die wir uns mit den Rezepten aus diesem Buch vor allem zuführen. Den gesundheitlichen Vorteil schätzen nicht nur Sportler, sondern auch Menschen mit Krebs und Hirnleistungsstörungen wie Alzheimerdemenz. Zum einen unterstützen die wertvollen Kokosfette der ketogenen Ernährung das Gehirn, zum anderen erschwert die ketogene Ernährung den Krebszellen den bequemen Weg, sich für ihr Wachstum beim Zucker und bei den Kohlehydraten zu bedienen.

Die ketogene Ernährung ist vor allem heilungsunterstützend, aber auch interessant für (Freizeit-) Sportler, die ihre Kohlehydratzufuhr eindämmen möchten. Der Griff in den Brotkorb ist ansonsten schnell passiert. Zudem sind die meisten Menschen noch immer davon überzeugt, dass Kartoffeln, Brot, Reis und andere Beilagen zu jeder Mahlzeit einfach dazu gehören. Das Gegenteil nun behauptet die KetoKüche.

Ich war also sehr neugierig darauf, ob es den beiden Autorinnen gelingen würde, eine am Ende trotz (oder wegen) aller Kokosfette und -öle sogar leichte Küche auch leicht und appetitlich darzustellen. Es ist ihnen gelungen! Und es macht Spaß, ihre Gerichte auszuprobieren und zu genießen. Vollfette Käse und Milchprodukte, Nüsse und Saaten, Avocados sind erlaubt, ausdrücklich empfehlen sie Fleisch, Fisch und Meeresfrüchte, Tofu, Kokosöl, Butter, gesunde Pflanzenöle, Gemüse, Pilze und Blattsalate. Auch Obst in Maßen kommt in der Ketoküche vor.

Der Körper braucht eine Weile, bis er sich auf die neue Ernährung eingestellt hat. Nach etwa zwei Wochen hat er umgelernt. Da die »KetoKüche zum Genießen« vor allem auf qualitätvolle Zutaten, Gewürze und Fette setzt, werden auch die Sinne geschärft. Und wenn es doch einmal einen »Ausrutscher« mit Brot geben sollte? Wer grundsätzlich auf die ketogene Ernährung eingestellt ist, dessen Körper wird den Autorinnen zufolge schnell wieder zur Energiegewinnung aus Ketonen zurückfinden. – KEN.

Broschiert: 180 Seiten; Systemed Verlag, Lünen;
ISBN: 978-3-942772-44-0

Michael Moss
»Das Salz-Zucker-Fett-Komplott«

Die Hersteller von industriell verarbeiteten »Lebensmitteln« tun eine Menge dafür uns glauben zu machen, sie gäben uns nur das Gewünschte: Zucker, Fett
und Salz. Wir würden dadurch zu dem, was wir zu sein
verlangten. Das ist nach Michael Moss zu einfach:
Nestlé, Kellog's, Kraft & Co. sind Marktanteile allemal
wichtiger als die Gesundheit ihrer Kunden.

Wie die Lebensmittelkonzerne uns süchtig machen

Als ich Michael Moss las, dachte ich zunächst, dies sei wieder ein
Thema, das uns ungefragt aus den USA auf den Teller schwappt. Die
globalen Würmer haben sich jedoch längst auch ohne weitere Freihan-
delsabkommen in unseren Speiseplan eingegraben.

Michael Moss hat mit »Das Salz-Zucker-Fett-Komplott« einen Nah-
rungsmittel-Thriller geschrieben, der in den Büchercharts der USA
prompt erste Plätze belegte. Niemand – zumindest in den USA – kann
deshalb jemals behaupten, er hätte nicht wissen können, dass global
spielende Konzerne ihm eigentlich längst den Appetit hätten verder-
ben müssten. Was gut gewesen wäre, damit ihm zum Beispiel Fettlei-
bigkeit und Herz-Kreislauf-Erkrankungen erspart geblieben wären.

Gut fünf Monate recherchierte Michael Moss für seinen Bestseller. Das
ist nicht viel für ein Thema, das jedes Jahr weltweit hunderttausende
ernährungsbedingte Todesfälle verursacht.

Wie der Apparat arbeitet, der dafür verantwortlich ist, das beschreibt
Michael Moss in seinem Buch. Dahinter steckt unter anderem ein
hochkarätiges Marketing, das seit Jahrzehnten wissenschaftliche Erkenntnisse nur zu dem einen Zweck auswertet, Milliarden Umsätze zu
generieren. Um die Folgen kümmern sich dann bestenfalls die Gesund-
heitssysteme, sofern die jeweiligen Nationen überhaupt nennenswert

darüber verfügen. Hier wird das »Das Salz-Zucker-Fett-Komplott« dann doch international und nur unter anderem deutsch.

Auch in Deutschland zünden die Folgen aus den investierten Milliarden für die perfekte Mischung aus Zucker, Fett und Salz. In dieser Reihenfolge nach Michael Moss wurde zunächst Zucker als Inspirator für Fertiggerichte und Snacks zwischendurch genutzt: Es gebe inzwischen keine Lebensmittel, die nicht gesüßt seien. Schon Säuglinge wissen das zu schätzen. Jeder war einmal Säugling – wir erinnern uns.

Fett, so ein weiteres Moss-Kapitel, hat auch eine praktische Funktion auf dem Speiseplan, gilt den weltweiten Vermarktern aber vor allem als Geschmacksverstärker. Was auch immer wir schmecken wollen, wird durch Fette zum großen Teil überhaupt erst erschlossen. Fett macht lecker, was zuvor fade wirkte. Und wenn auch das nicht hilft, geht es mit einer ordentlichen Prise Salz. Salz regt den Appetit an – und legt den Verstand endgültig lahm.

Der Rest ist die langfristige Konditionierung durch die entsprechenden Marketingstrategien. Nimm besser zwei oder die Zuckerbombe, die uns als Milchbedarf für das kindliche Gehirn untergejubelt wird. Schließlich wollen wir die PISA-Mitbewerber aus dem Rennen schlagen. Gesüßte Cornflakes werden uns als gesundes Frühstück oder »Brain Food« verkauft. Wir schmelzen dahin und ignorieren gleichzeitig, dass der Schmelzkäse so wenig Berührung zu Milch und Kühen hat wie ein durchschnittliches Großstadtkind, das Milch nur aus dem Tetra-Pack kennt.

Die Deutschen sind inzwischen die Dicksten in Europa: übergewichtig bis fettleibig, diabetisch, mit hohem Blutdruck, Arthrose, Brust- und Darmkrebs. – Guten Appetit!

Wenn Michael Moss in seinen Notizen blättert, landet er als Ursache dafür immer wieder bei den skrupellosen Geschäftsmethoden der Nahrungsmittel-Multis. Multi schließt Deutschland ein, und damit ist dieses durch und durch »amerikanische« Buch auch ziemlich deutsch. Die Welt zu ernähren spielt für die Nahrungsmittelindistrie als moralisches Argument nach Michael Moss keine Rolle. Der maximale Gewinn, weil die Welt sich ohnehin ernähren muss und damit beliebig abgezockt werden kann, dagegen schon. – KEN.

Michael Moss
»Das Salz-Zucker-Fett-Komplott«
Broschiert: 624 Seiten; Ludwig Buchverlag, München;
ISBN: 978-3-453280-58-8

Will Tuttle
»Ernährung und Bewusstsein«

Will Tuttle stellt die Ernährungsgewohnheiten der Menschheit radikal infrage. Wer bereits einen Zugang zu vegetarischer oder veganer Ernährung hat, wird sich durch ihn vor allem bestätigt fühlen. Der Autor bezieht sich sowohl auf den Schweizer Psychologen Carl Gustav Jung als auch auf den Mahayana-Buddhismus, um seine Thesen zu untermauern.

Was Du isst, wirkt nachhaltig auf die gesamte Erde

»Warum das, was wir essen, die Welt nachhaltig beeinflusst« ist eine Frage, auf die wir sehr schnell eine Antwort bekommen, wenn wir uns eine Weile mit Ernährung beschäftigen. Dass Will Tuttles Buch gerade in Asien der Renner ist, liegt vielleicht daran, dass er buddhistische Traditionen einbezieht und ihnen das »Fleisch muss sein« der amerikanisch/europäischen Konsumenten gegenüberstellt.

»Ernährung und Bewusstsein« gehören zusammen, erst recht seit Forscher bestätigen, dass Wasser Informationen enthält und dies sogar fotografisch belegen können. Wer das verstanden hat, wird nachvollziehen können, dass eine Mahlzeit mit Liebe gekocht, andere Informationen transportiert als maschinell produzierte Fertiggerichte. Auch Tiere, die geschlachtet werden, »informieren« danach das Fleisch durch Schmerzrezeptoren über ihr Leiden. Und diese Information kommen dann auf unseren Tisch.

Will Tuttle landet am Ende bei veganer Ernährung, weil wir alle Teil eines allumfassenden Systems sind, das uns irgendwie auch daran teilhaben lässt, wenn männliche Küken zu Tausenden bei lebendigem Leibe geschreddert werden, weil ihr Fleisch nicht so »gut« wie das der späteren Hennen werden wird.

So zu denken und die Schlüsse daraus auf die eigene Ernährung zu übertragen, gelingt nicht immer von Anfang an. Schließlich ist die Ernährung ein Kulturgut, das sich über seit Generationen stabilisiert hat. Aber, so sagt Will Tuttle, auch hier macht die Übung den Meister. Wir müssen das Übermaß an Ernährung, Fetten und Kohlenhydraten nicht einfach kritiklos hinnehmen.

Will Tuttle zitiert den Mahayana-Buddhismus, der davon ausgeht, dass alles irgendwie mit allem verbunden ist. Auch die Massenvernichtung in den Tierställen geht damit alle an. Der Mahayana-Buddhismus nutzt hierfür die Metapher eines Universums als Netz mit unendlich vielen Knoten, die von Juwelen gebildet werden und jedes Wesen, jedes Ding und jedes Ereignis als miteinander verbunden repräsentieren. Das Leid des einen liegt wie ein »Schatten« (Carl Gustav Jung) auf allen.

Will Tuttle schließt mit einer Bewegung, die »Food Not Bombs« heißt. Deren Anhänger verteilen vegane Ernährung aus biologischen Anbau an benachteiligte hungrige Menschen in 175 Städten in Amerika, Europa und Australien. Ganz im Sinne des Juwelen-Bildes ist diese Bewegung bewusst dezentralisiert und in örtlichen Einheiten organisiert, die unabhängig voneinander handeln. So lassen sie positive Impulse in das »große Ganze« hineinfließen.

Obwohl viele Menschen inzwischen die Vorgaben durch günstige Preise und das Überangebot in den Kaufhäusern kritisch sehen, sind die psychologischen Zusammenhänge zwischen der Misshandlung und dem Töten von Tieren – und Menschen – noch kaum bewusst. Andererseits kann jeder auf der Basis des Konzeptes »Wir alle« positiv auf dieses großartige Netz einwirken, indem er die Verbundenheit von allem durch das wahrnimmt, was auf seinen Teller kommt. – KEN.

Broschiert: 400 Seiten; Crotona Verlag, Amerang;
ISBN: 978-3-861910-53-4

Daniel Dufour
»Wut ist gut!«

Einer meiner Klienten berichtete letztens, dass er seit sechzehn Jahren mit der Diagnose »generalisierte Angststörung« lebt. Irgendwie funktioniert er dadurch, wenn auch auf eine unglückliche Weise und mit regelmäßigem Zugang zu Medikamenten gegen sein Leiden. Tatsächlich sprach er jedoch ständig über Wut, die nicht »heraus« durfte.

Wie unsere Emotionen uns helfen und heilen können
Das wäre sicher auch für Daniel Dufour ein klassischer Fall gewesen. »Wut ist gut« sagt er nicht nur in seinem Buch, er plädiert auch in seinen Seminaren dafür, die eigenen Emotionen zu benennen, sie anzunehmen und dadurch eine Heilung einzuleiten. Gerade die unterdrückte Wut sei eine der häufigsten Ursachen von psychischen und psychosomatischen Beschwerden.

Gründe dafür sind häufig eine Kränkung oder Vernachlässigung, seelische oder körperliche Gewalt, Verluste, Verlassenheits- oder Ohnmachtsgefühle. Solche Erfahrungen bleiben den wenigsten Menschen erspart, und sie häufen sich, bis der Körper darauf reagiert. Erst wenn wir die tatsächlichen Emotionen zulassen und akzeptieren lernen, sind Verzeihen und Heilung möglich.

Daniel Dufour liegt mit seinem Ansatz richtig. Er plädiert für eine Form des Umgangs mit Wut, die den Ursprung der unterdrückten Emotionen anerkennt. Wie der italienische Hirnforscher Antonio Damasio schon sagte, findet erst dann Heilung statt, wenn eine emotionale Umstrukturierung in Bezug auf das belastende Ereignis stattfindet.

Der korrekte Umgang mit Wut ist daher das Ziel der psychologischen Beratung nach Daniel Dufour, die er seit 1997 als OGE-Methode (OGE = Umkehrung von EGO) in Europa und Kanada unterrichtet.

Auch mein Klient »funktionierte« mehr schlecht als recht mit seiner Diagnose. Im Lauf der Jahre setzte sich die Wut manchmal unkontrolliert gegen die generalisierte Angststörung durch. Als er sich zu beiden Emotionen bekennen konnte, verwandelten sie sich in angemessene Wehrhaftigkeit, Respekt und Achtsamkeit. – KEN.

Broschiert: 150 Seiten; Mankau Verlag; Murnau am Staffelsee
ISBN: 978-3-863741-40-2

Mirriam Prieß
»Finde zu dir selbst zurück«

Mirriam Prieß bleibt auch in »Finde zu dir selbst zurück« ihren Prinzipien treu. »Leben ist Beziehung«, sagt sie und regt ihre Leser an, dies in sechs Bereichen zu überprüfen, so dass am Ende Glück und Zufriedenheit dabei herauskommt. Statt Burnout.

Wirksame Wege aus dem Burnout

»Innere Realitäten« nennt Mirriam Prieß, was uns motiviert oder belastet, manchmal sogar beides gleichzeitig. Im täglichen Hamsterrad lässt sich dieser Konflikt jedoch selten lösen. Dazu braucht es die Fähigkeit, einen Konflikt anzunehmen und ihm im inneren wie äußeren Dialog zu begegnen.

Die Beispiele in »Finde zu dir selbst zurück« zeigen deutlich, wie Menschen erst in der Draufsicht erkennen, wie nahezu fremdbestimmt sie sind, wenn es um Lebensentscheidungen geht. Jemand wird unglücklich, weil er aus unbewusster Solidarität das Leiden geliebter Angehöriger fortsetzt. Andere wählen einen Beruf, der sie überfordert, weil sie eine Tradition bestätigen oder beweisen wollen, dass sie etwas besser können als jene, die beanspruchten, ihr Vorbild zu sein.

Auf die Dauer führt die unbewältigte, unausgesprochene bis unaussprechliche Vergangenheit dazu, dass jemand seine eigene Identität infrage stellt: »Innere Realitäten sind unverarbeitete, negativ prägende Beziehungserfahrungen, Erfahrungen der eigenen Ohnmacht und Hilflosigkeit, in denen das Selbst, die wahre eigene Identität, unterdrückt wird und verloren geht«, schreibt Mirriam Prieß.

Das stimmt meiner Meinung nach nur zur Hälfte: Innere Realitäten sind genau so positive Erfahrungen, die aus der Vergangenheit in die Gegenwart und Zukunft hineinwirken. Sie können in allen möglichen Kontexten sogar dazu führen, dass wir Spitzen leichter bewältigen und uns rechtzeitig wehren, wenn wir überfordert sind. Die positiven inneren Realitäten müssen dabei nicht zwangsweise bewusster oder im inneren wie äußeren Dialog besser aufbereitet sein als ihre negativen Gegenspieler. Allerdings tauchen sie in unserer Belastungskarte nicht auf, um einen Bedarf nach diesem Dialog zu wecken.

In diesen Bereichen scheint der Dialog, wenn es um das Thema Burnout geht, dagegen immer wieder nötig zu sein:

- Partnerschaft,
- Glaube,
- soziale Kontakte,
- Individualität und Hobbys,
- Gesundheit,
- und Beruf.

Die Liste ist ein guter Impuls für eine Selbstanalyse, wenn uns wieder einmal alles zu viel sein sollte. Und wir tun gut daran, sie ernst zu nehmen, da inzwischen die Hälfte aller diagnostizierten Krankheiten psychosomatisch bedingt ist. Der kritische Faktor dabei ist nach Mirriam Prieß immer unsere Beziehung zu uns selbst und zu unser Umwelt. Viele Menschen wissen kaum mehr, was sie wirklich wollen. Sie funktionieren mehr schlecht als recht in Rollen, deren Gestaltung ihnen von außen vorgeschrieben wird. Trotzdem versuchen sie, diese Rollen entgegen ihrer eigenen, wirklichen Identität auszufüllen.

»Finde zu dir selbst zurück« bietet hier Anregungen für einen Ausweg aus dem Konflikt. Dazu gehört, dass ein gesunder Egoismus, das offene Bekenntnis zu den eigenen Bedürfnissen, die Grundlage für gesunde und erfüllte Beziehungen ist. Nach »Burnout kommt nicht nur vom Stress« legt Mirriam Prieß mit dem Hinweis auf Beziehungsthemen als Ursachen von Belastungen in diesem Buch also deutlich nach: Burnout und Depressionen sind immer ein Hinweis, dass jemand sein eigenes Wesen unterdrückt. – KEN.

Gebundene Ausgabe: 208 Seiten; Südwest Verlag, München;
ISBN: 978-3-517092-49-2

Günter Harnisch
»Endlich gut drauf!«

Gute Lösungen sind einfach, und sie sollen sich bewähren, besser noch: sich bereits bewährt haben. So wie bei Günter Harnisch (* 1936). »Endlich gut drauf!« fasst in vier wesentlichen Schritten zusammen, was auch dem volksheilkundlichen Experten und Therapeuten gut getan hat. »Glück«, so sagt er, »kann man lernen!«

Wie Sie Ihre Glückshormone natürlich anregen

Das Buch ist mit knapp 120 Seiten ein übersichtlicher Ratgeber. Es beginnt mit Erläuterungen zum Serotoninmangel, der dazu beträgt, dass viele Menschen sich eben nicht glücklich fühlen. Sie ernähren sich falsch, bewegen sich zu wenig an der frischen Luft. Sie lassen kaum noch Sonne an die eigene Haut und wissen vor lauter digitalen Freundschaften kaum, wie sich wirkliche Zärtlichkeit anfühlt. Schon bald kreisen die Gedanken um alles andere als eben um das Glück, das gesunde Menschen noch immer häufig zu genießen wissen.

Glücksratgeber gibt es viele. Lehrer der Achtsamkeit schwören auf mehr Bewusstheit im Tun und besinnen sich auf die Entschleunigung, damit wir nicht einfach an den Momenten des Glücks vorbei klicken. Mediziner und Philosophen diskutieren darüber, ob Glück ein Dauerzustand sein kann, den wir, sollte er das sein, dann gar nicht mehr bemerken können und der vielleicht sogar einen ganz anderen Namen tragen müsste. Vielleicht ist eine lediglich höhere Taktung der Glücksmomente deshalb die bessere Alternative ...

Günter Harnischs Empfehlungen zielen darauf, den Neurotransmitter Serotonin zu vermehren, denn Glück ist auch ein physiologischer Prozess. Ob wir gut gelaunt und ausgeglichen sind, glücklich und schmerzfrei, hängt unter anderem von der Menge der Glücksbotenstoffe im Organismus ab.

Lässt sich Glück also tatsächlich auf »organischem« Weg steigern? Günter Harnisch sagt eindeutig Ja dazu. Er stellt sein neurobiologisches Glücksprogramm auf vier Säulen: Glück braucht die entsprechende Nahrung, die Stimulierung der Haut, Bewegung und ein angemessenes Denken.

Zu jedem dieser Säulen können wir von anderen Kulturen lernen, sagt der Autor. Die Inkas steigerten mit den Körnern von Amarant und Quinoa, den Speisen der Götter, ihr Glück. Indische Fakire stimulieren bis heute Glücksgefühle über die Haut, indem sie sich auf Nagelbetten niederließen. Für diesen Zweck gibt es heute angenehmere Unterlagen.

Meditationen für eine bessere Ordnung der Gedanken und wirkliche Pausen tragen ebenfalls dazu bei, den Serotoninhaushalt zu steuern. Die Stress verwaltenden Teile des Gehirns kommen dadurch zur Ruhe, andere werden dadurch stärker und auf Empfang für Glück gestellt. Nicht zuletzt steigert der Aufenthalt in der Sonne die Glücksfähigkeit, er wirkt zudem blutdrucksenkend und hilft beim Abnehmen.

Ich finde Günter Harnischs Zugang zum Glück sehr gut nachvollziehbar, auch wenn ich mir deswegen nicht gleich eine Akupressurmatte kaufen werde. Leben in körperlicher und geistiger Bewegung hilft bereits eine Menge. Sie sind ist ein Mittel gegen Depressionen, also gegen das Gegenteil von Glück. Ausreichend ungestörter Schlaf nach körperlicher Verausgabung im Freien gibt unserem »System« die Möglichkeit, sich selbst zu sortieren sowie psychische und körperliche Verletzungen zu kurieren. Wir können uns sogar glücklich denken: Geistig aktiv zu bleiben tut dem Serotoningehalt in unserem Organismus gut und ist ein Mittel gegen Alzheimer, wie eine neurophysiologische Studie mit Nonnen bestätigt.

Glück kann man auf viele Weisen lernen, sei es, dass man ein Freund von Griechischem Eisenkraut-Tee wird oder die weiteren Hinweise wie von Günter Harnisch in sein Leben einbaut. Glück, das man lernen kann, muss danach aktiv getan werden. Diese Pflicht gehört mit zum Glücksprogramm. Aber diese Pflicht ist auch ein Geschenk, an das uns Günter Harnisch in »Endlich gut drauf!« erinnert: »Glückliche Menschen leben gesünder und Gesunde fühlen sich insgesamt glücklicher.« – KEN.

Broschiert: 126 Seiten; Mankau Verlag; Murnau am Staffelsee;
ISBN: 978-3-863741-72-3

Klaus Heilmann
»Zeitbombe Medikament«

Klaus Heilmann ist vor allem als Risikoforscher bekannt, Arzt ist er außerdem. Somit kennt er auch diese Zunft und wie sie mit Medikamenten umgeht. In »Zeitbombe Medikament« führt er uns vor, welche Risiken Arzneimitteln bergen, die uns zumindest offiziell Gutes tun sollen.

Medikament: Fluch oder Segen

Jedes Medikament hat eine lange Vorgeschichte. Manche wurden über viele Jahre gezielt entwickelt, andere zufällig entdeckt, und wieder andere wirken plötzlich in Bereichen, für die sie vorher gar nicht vorgesehen waren. So wurde Aspirin 1899 als schmerzstillendes und fiebersenkendes Mittel entdeckt, 1948 ein positiver Einfluss bei Herzinfarkten wahrgenommen und – 40 Jahre später – wissenschaftlich anerkannt. Heute vermuten Forscher sogar eine vorbeugende Wirkung bei Krebs.

Häufiger kommt es jedoch vor, dass die Pharmaindustrie neben unserem Wohl vor allem einen gigantischen wirtschaftlichen Nutzen im Sinn hat, auch um die Entwicklungskosten für ein Medikament wieder hereinzubekommen. Mit enormem Werbeaufwand werden Bedürfnisse nach einer höhere Lebensqualität geweckt und Medikamente schließlich sogar »wie Lebensmittel« eingenommen, klagt Klaus Heilmann. Statt dass viele Menschen ihren Alltag angemessener gestalten, nehmen sie Schlaftabletten, Schmerz-und Aufputschmittel, die mit ihren Nebenwirklungen sie selbst und die Umwelt belasten. – Klaus Heilmann rüttelt mit »Zeitbombe Medikament« wieder einmal heftig an Pfosten, die uns eine trügerische Sicherheit vorgaukeln.

So fragt er auch, was Krankheit eigentlich ist und wer genau sie im Einzelfall definiert: »Würde man jedes Abweichen von der Norm als Krankheit bezeichnen, würde es vermutlich wenig gesunde Menschen geben.« Ein neuer Normwert für erhöhten Blutdruck könnte mit einem Schlag die halbe Bevölkerung zu Hypertonikern machen – und zu potenziellen Kunden für blutdrucksenkende Medikamente.

Wenn Medikamente schließlich an Menschen getestet werden, dann unter Bedingungen, die von denen möglicherweise mehrfach belasteter Kranker abweichen. Der wirkliche Medikamententest findet nach Klaus Heilmann erst nach der offiziellen Freigabe statt. Ob es unerwünschte Nebenwirkungen gibt, weiß man möglicherweise erst nach Jahrzehnten, wenn nicht sogar erst bei der Generation der Kinder oder Enkel. Blindes Vertrauen ist bei Arzneimitteln allemal unangebracht.

Das betrifft dann auch Ärzte, die im Praxisalltag kaum auf alle Effekte eingehen können und schon statistisch gesehen damit überfordert sind, Nebenwirkungen zu erkennen und einem Medikament eindeutig zuzuordnen. Auch sie müssen den Angaben der Pharmaindustrie und den Zulassungsbehörden vertrauen und verschreiben, was ihnen im Rahmen der gesetzlichen Vorgaben von Pharmareferenten am überzeugendsten »verkauft« wird.

Und schließlich gibt es eine unterschätzte Rückkoppelung von den Endverbrauchern auf Ärzte und die Hersteller der Medikamente. Niemand kann die Wirkungen einer Verordnung zuordnen, wenn ein Patient Medikamente gar nicht oder nicht in den verordneten Dosen zu sich nimmt.

Klaus Heilmann spricht in seinem Buch ziemlich Klartext mit teils historischen Beispielen und Analysen, die auch kulturelle Faktoren einbeziehen. Japaner beispielsweise nahmen zwischen 1956 und 1970 überhöhte Dosen Mexaform mit dem Wirkstoff Clioquinol gegen Durchfallerkrankungen zu sich, weil sie dem Darmbereich mit dem »Hara« als Zentrum der Lebensenergie ohnehin besondere Aufmerksamkeit widmeten. Die Folgen waren weitverbreitete Nervenschädigungen. Einer der Risikofaktoren bei Arzneimitteln ist damit auch der Patient selbst. – KEN.

Taschenbuch: 224 Seiten; Heyne Verlag, München;
ISBN: 978-3-453602-64-9

Roswitha Stark
»Der Heiler in Dir«

»Der Heiler in Dir« von Roswitha Stark ist ein schön ge-
machtes und wertschätzendes Buch. Es soll helfen, eigene
Heilerkräfte bei mentalen und gesundheitlichen Störungen in Sekundenschnelle zu aktivieren. Es spricht eine Zielgruppe an, die (bereits) offen ist für Begriffe wie den »inneren Seelencode«.

Innere Seelencodes und ihre Aktivierung

Vielleicht ist das Buch damit der Übergang zwischen naturwissenschaftlichen Erkenntnissen und spirituellen Ansätzen, wie sie Eckhard Kruse in
»Der Geist in der Materie« fordert und Renée Weber in »Alles Leben ist
eins – Die Begegnung von Quantenphysik und Mystik« diskutiert.
Den Heiler in uns selbst zu aktivieren. ist ein interessanter Ansatz. Eben
weil er auch höchst individuell ist, muss ich als Leser nicht alles gleich
als die (!) Heilerwahrheit übernehmen. Genau das wird Roswitha Stark
mit ihrem Angebot, »Der Heiler in Dir«, auch nicht erwarten. Ihr Buch ist
mit knapp 130 Seiten eine gute Zusammenfassung dessen, was wir als
Heiler unseren Patienten mitgeben und als Patienten uns selbst Gutes
tun können.
Die meisten Leser werden aus der Literatur oder Entspannungskursen
bereits Affirmationen wie diese kennen: »Legen Sie die Hände auf Ihr
Herz, schließen Sie die Augen, und sagen Sie: ›Ich bin grenzenlos und mit
allem verbunden.' Atmen Sie tief ein, und öffnen Sie die Augen.«
Ich kenne beharrliche Kranke, denen das bereits zu sanft ist. Sie ziehen
eher nüchterne Daten vor. Auch das ist in Ordnung und wird von Roswitha Stark ebenfalls bedient. Wer verstanden hat, dass unser (emotio-
nales) Gedächtnis eben nicht nur im Gehirn irgendwo zwischen unseren
Ohren angelegt ist, kommt schon ziemlich weit. Das Gehirn und die Nervenbahnen in der Leibesmitte entwickelten sich ursprünglich aus den
gleichen Zellen, die sich nach oben und nach unten vermehrten.
Dass mehr als 90 Prozent der Nervenbahnen vom Bauch Richtung Kopf

verlaufen erklärt, dass der Darm »ein denkendes Organ« ist, wie die Autorin bestätigt. Er reagiert auf psychischen Stress und aktualisiert Empfindungen, die wir in ähnlichen Situationen schon früher erlebt haben.

Häufig reagieren wir zudem auf Ereignisse, die nahestehende Menschen erlebt haben. Rupert Sheldrake, der hier zitiert wird, hat seine viel beachtete Feldtheorie dazu entwickelt. Wir können dieses »Feld« mitgestalten, indem wir uns mit Affirmationen und Visualisierungen zugunsten des Heilers in uns selbst aufladen. Das klingt dann vielleicht ein bisschen nach Überzeugungsabhängigkeit, aber wenn wir Wege beschreiten, die einen Heilungsprozess subjektiv und tatsächlich unterstützen, dann dürfen diese auch jenseits der bisherigen naturwissenschaftlichen Erkenntnisse verlaufen.

Eine der Maßnahmen, die Roswitha Stark empfiehlt, ist die Arbeit mit der Heilerkarte, kunstvoll gestaltet von Alvina Kreipl. Sie bildet mit der fünfer Symbolik auf der einen Seite die Realität ab, »die größten Kämpfe von Macht und Ohnmacht im Rahmen unserer Polarität«. Die sechser Seite symbolisiert dagegen die Herzensliebe und soll das Einheitsbewusstsein stärken, damit die Dualität in der Einheit gelebt werden kann. Die Dualität ist das Stichwort, das uns in der Krankheit verharren lässt und häufig die Ursache dafür, dass wir an ihr festhalten. Krankheit und Gesundheit sind nach Roswitha Stark nicht zwei Seiten einer Medaille, die sich gegenseitig ausschließen. Statt die Krankheit mit Medikamenten oder Operationen »wegmachen« zu wollen, damit die Gesundheit alleine Bestand hat, plädiert sie für ein Miteinander:

»Schließen Sie ... Freundschaft mit Ihrem Symptom und nehmen Sie es als Partner an. Denn Medikamente unterdrücken zwar das Symptom, beseitigen aber nicht die Ursache des Problems«, schreibt sie. Der erste Schritt zur Heilung ist, die Krankheit und Beschwerden als solche anzunehmen. Auch wenn das weder Medikamente noch notwendige Operationen ausschließt, öffnet sich dadurch das System des Kranken für eine entspannten Zugang zur Heilung: »Das Symptom ist Ihr Freund. Es will Sie nicht ärgern oder gar zur Verzweiflung treiben. Es möchte Ihnen die Antwort geben, die Sie brauchen, um heil zu werden.«

Selbstverständlich ist jede Beschwerde und der Umgang des Kranken damit höchst individuell. Es gibt Menschen, die ohnehin einen gesunden Umgang mit der Krankheit pflegen und ihretwegen das Leben genießen lernen. Andere schaden sich durch negative Gedanken und versuchen, den Störungen Kraft entgegenzusetzen, statt partnerschaftlich mit ihnen zu gehen.

Dabei hat jeder die Möglichkeit, den inneren Heiler zu aktivieren. Das sollte niemanden daran hindern, auch im Äußeren etwas für die Heilung zu tun. Vielleicht macht uns in einem Zustand der Annahme der innere Heiler ja genau auf das aufmerksam, was wir in unserem Leben ändern sollten, um auf eine gesunde Weise mit den Beschwerden zu gehen. – KEN.

Roswitha Stark
»Der Heiler in Dir«
Broschiert: 120 Seiten; Mankau Verlag, Murnau am Staffelsee;
ISBN: 978-3-863741-10-5

Li Wu
»Die Organuhr«

»Wenn das Qi durch irgendwelche Disharmonien und Man-
gelerscheinungen blockiert wird und nicht frei fließen
kann, stagniert oder sogar entweicht, treten Schmerzen
und Beschwerden auf.« – Professor Li Wu (* 1966) von der
Universität Yunnan bietet mit der Organuhr eine Orientierung zur Gesundheit im 21. Jahrhundert auf der Basis der
Traditionellen Chinesischen Medizin (TCM).

Leben im Rhythmus der Traditionellen Chinesischen Medizin

Die TCM hat sich in den letzten Jahrzehnten einen Stammplatz in den
(Natur-) Heilpraxen gesichert. TCM zeigt sich als Erfahrungswissen-
schaft und beruht auf Beobachtungen von vielen hundert Jahren. Das ist
etwas anderes als relativ kurzfristige Laboranalysen, um ein neues Medikament einzuführen. Ihre Ernsthaftigkeit bestätigt die TCM dadurch,
dass – zumindest in China – die Ausbildung keine Zusatzqualifikation ist,
sondern ein Gesamtkonzept, dessen Anwender sich über viele Jahre als
Studierende bewähren müssen. TCM ist in China die Tradition einer Medizin, deren zahlreiche Ursprünge Jahrtausende zurückliegen.

Beim Lesen der Organuhr von Professor Li Wu fühlte ich mich gut aufge-
hoben. Er kennt seine Sprache, Kultur und die originäre Medizin dazu von
Innen heraus. Zunächst einmal beansprucht die TCM, mit der Organuhr
ein universelles Konzept zu haben, etwas, das also für jeden Menschen
gilt. Dabei spielen Energien und Energiebahnen eine besondere Rolle,
wir sie aus der Nadel- oder Klopfakupunktur kennen, aus der energeti-
schen Psychotherapie, verschiedenen Massagetechniken und meditati-
ven Gymnastikstilen.

Li Wu stellt uns die Organuhr im Zusammenhang mit dem 24-Stun-
den Rhythmus des Körpers vor. So ist der Energiebereich der Lunge zwischen 3 und 5 Uhr nachts besonders aktiv und in dieser Zeit anfällig für
Störungen wie Erkältungskrankheiten. Zur gleichen Zeit beanspruchen
Harnblase und Niere Ruhe, um gesund zu bleiben. Ähnliche Aktiv- und

Ruhezeiten gibt es für Dickdarm, Magen, Milz, Pankreas (Bauchspeichel-drüse), Herz, Dünndarm, Niere, Perikard (Herzbeutel), Gallenblase, Leber und den Dreifach-Erwärmer, der nach westlicher Medizin kein anatomisches Organ ist, sondern eher als Kreuzung von Energiebahnen verstanden werden kann.

Jeder dieser Energieorte kann einzeln oder in Kombination mit anderen Punkten gestört sein. Damit sie im Sinne der Organuhr wieder einwandfrei funktionieren, bietet die TCM Korrekturmaßnahmen an: Ernährungsumstellungen, Akupressuren und Qi-Gong-Übungen.

Li Wu verkörpert den Brückenschlag zwischen östlicher und westlicher Kultur und Medizin. In China ist er Doktor der Medizin, in Deutschland Heilpraktiker und Forscher an einem Naturheilkundlichen Institut in München. Er ist Qi-Gong-Meister, Professor in Yunnan (China) und San Francisco (USA) sowie Vorstandsmitglied des Naturwissenschaftlichen Forschungsverbandes China und des chinesischen Huang Han Medizinverbandes.

All das qualifiziert Li Wu wie kaum einen anderen, uns die TCM nahezubringen. Über die Geschichte, die Beschreibung der Organfunktionen, Behandlungstipps und ein Tabellenwerk zum Nachschlagen fasst Li Wu das Konzept der Organuhr als grundlegenden Teil der TCM auf knapp 190 Seiten zusammen. Auch das ist eine Kunst, erst recht, wenn anschließend Einsteiger verstehen, wie TCM, westliche Schulmedizin und Naturheilkunde einander ergänzen können. Auch das bestätigt Li Wu in seiner Rolle als großartiger Lehrer der TCM und Vermittler zwischen den medizinischen Kulturen Asiens und der westlichen Schulmedizin. – KEN.

Broschiert: 200 Seiten; Mankau-Verlag, Murnau am Staffelsee; ISBN: 978-3-863741-44-0

Irene Berres und Julia Merlot
»Mythos oder Medizin«

Sowohl Berres als auch Merlot kenne ich ansonsten nur vom Wein. In dem, so meint das Volk, liegt Wahrheit. Übertrage ich das auf »Mythos oder Medizin«, dann heben Irene Berres (* 1986) und Julia Merlot (* 1988) mit ihrem Buch das eine oder andere Element der Volksmedizin aus – mit dem Geist der wissenschaftlichen Wahrheit.

Medizinische Fakten – skurril und bekömmlich!

Beide Autorinnen haben Wissenschaftsjournalismus studiert und in Praktika mit Pipette und Petrischalen hantiert. Inzwischen beantworten Sie Fragen zu medizinischen Themen in einer Kolumne von Spiegel-Online: Ist es gefährlich, einen Nieser zu unterdrücken? Fördert Schnaps die Verdauung? Hilft Spucke gegen Mückenstiche?

Die Volksmedizin hat zu solchen Themen einiges zu sagen. Die Schulmedizin prüft nach: Zwiebeltee und Zwiebelwickel lenken bestenfalls vom Ohrenschmerz ab. Wadenwickel können Fieber senken, aber falsch angewendet die Körpertemperatur soweit verringern, dass sie dann eher schaden statt nutzen. Und bis jetzt gibt es wohl nichts, was das Gift einer Mücke nach dem Stich wirklich entschärft.

Diese Hinweise rund um die Mythen der (Volks-) Medizin wirken gut recherchiert und werden von den Autorinnen tolerant aufbereitet: Wem die Mittel helfen, obwohl das wissenschaftlich gesehen Humbug ist, der darf sie trotzdem nutzen. Zumindest schaden sie in der Regel nicht. Sollte dadurch ein Placebo-Effekt zum Guten ausgelöst werden, dann darf das sein.

Die Idee, sich dem Thema Mythos oder Medizin auf diese Weise zu nähern, ist durchaus gewährt. Mein Lieblingsautor dazu bleibt der Rock ›n' Roller Ozzy Osbourne, der mit »Fragen Sie Dr. Ozzy« eine lebenskluge Kolumne für die Sunday Times geschrieben hat. Auch wegen seiner persönlichen Erfahrungen habe ich ihn manchmal als Zünglein an der Waage von Volksmedizin und Schulmedizin genossen. Wer so oft dem Tod ein Schnippchen geschlagen hat und in seinen härtesten Zeiten sogar einmal eine Ameisenstraße statt der weißen Linie geschnupft haben soll wie Ozzy Ozbourne, dessen Überlebensstrategien haben sich auch ohne den Verweis auf die Petrischalen bewährt.

In diesem Sinn ist die Berres/Merlot-Kolumne etwas eigenes. Deutsch und gründlich. Trotzdem nett geschrieben und immer dran an dem, was wir schon immer über unsere Hausmittel wissen wollten und unsere Oma nicht zu fragen wagten. – KEN.

Taschenbuch: 224 Seiten; Heyne Verlag, München;
ISBN: 978-3-453603-38-7

Biografien

Depeche Mode gehört seit über 30 Jahren zu den erfolgreichsten Bands der Welt. Nicht alle ihre Titel waren von vornherein der »Brüller«. Es kam sogar dazu, dass just ein deutscher Musiker und Entertainer den Hit »People Are People« besser machte: Götz Alsmann mit seiner Band »The Sentimental Pounders«.

Götz Alsmann kommt aus Münster und moderiert seit vielen Jahren gemeinsam mit Christine Westermann für den Westdeutschen Rundfunk die Kultsendung »Zimmer frei«. Der promovierte Musikwissenschaftler tourt weiter als großartiger Mann am Klavier und an der Ukolele durch die Republik.

Die Mitglieder von Depeche Mode kommen aus eher braven Gemeinden. Das kann man sicher auch vom katholischen Münster sagen und vielleicht sogar von Leipzig. Dort wurde Micaela Schäfer geboren, lange vor den »Montagsdemos« und dem Mauerfall.

Als bekanntester deutscher Nackedei kommt Micaela Schäfer in ihrer Biografie schlicht lesenswert rüber. Oder lesenswert schlicht. Sie schreibt offen über ihre frühe Sehnsucht, sich aus der biederen Masse hervorzuheben und von klaren Entscheidungen für chirurgische »Nachbesserungen«, damit sich die Marke Michaela Schäfer möglichst lange vor der Kamera hält.

»Besser nackt als gar keine Masche« ist auf jeden Fall ein ziemlich harter Job. So gesehen ruht sich Micaela Schäfer auf ihren Silikonkissen jedenfalls nicht aus.

Simon Spence
»Depeche Mode«

Ich gestehe, dass ich mich vermutlich über 30 Jahre das eine oder andere Mal bei dieser Welt-Band freigetanzt habe. Das geht auch noch nach vier Halben. Vielleicht hatte ich deshalb immer den Eindruck: »Die sind so ja so was von brav ...!« Simon Spences ziemlich akribisches historisches und musikwissenschaftliches Werk bestätigt das auch noch.

Dreißig Jahre Depeche Mode – »Just can't get enough«

Knapp 150 von etwa 370 Seiten erfährt man eine Menge über Basildon, die englische Kunststadt, die nahezu ohne historisch gewachsene Ecken und Kanten auskommt und nach dem Krieg als alternative Arbeiterstadt aus dem Boden gestampft wurde. Hier wuchsen die frühen Mitglieder von Depeche Mode auf.

Depeche Mode sind heute Dave Gahan, Martin Gore, Andrew Fletcher. Vince Clarke (1980-1981) gehörte noch ein zu den Gründern, Alan Wilder war von 1983 bis 1995 dabei – auch das immerhin ein gutes Dutzend Jahre Musikgeschichte. Im November 1981 erschien die Single »Dreaming of me« von Depeche Mode. 30 Jahre und zwölf Alben später gehört Depeche Mode zu den erfolgreichsten Bands überhaupt.

Mit über 100 Millionen verkaufter Alben und zahlreichen Nr. I – Hits prägten die Briten das Lebensgefühl einer ganzen Generation. Na ja, beinahe. Denn gerade bei den Briten fanden die Basildoner nur einen begrenzten Zuspruch, und zwischendurch produzierten sie sogar in Deutschland. Depeche Mode spielte vor 60.000 Menschen im Rose Bowl Stadion (Pasadena im Los Angeles County) und brachte Millionen Fans mit eher mehr als weniger süffigen Kompositionen zum Tanzen. People sind eben People, und wenn es nicht zu kompliziert ist, tanzt das Tanzbein fast ganz von allein.

Simon Spence schreibt sehr gründlich. Wie ein Wissenschaftler, der es darauf anlegt, auch noch den Namen des Pfarrers herauszufinden, der Fletcher & Co konfirmiert hat. Gründlich geht auf Kosten der Atmosphäre, die rund um Depeche Mode anscheinend ziemlich einwandfrei war. Klar kamen hier und da neue Mitglieder dazu. Am Ende wirkt Spences Geschichte von Depeche Mode trotzdem »nur« wie die Fortsetzung des Konfirmandenunterrichts in Basildon, Essex, ca. 40 Kilometer östlich von London.

Nach der Biographie »Depeche Mode – Just can't get enough« können alle Fan seit den Gründerjahren der Band, auch wenn sie inzwischen Großeltern sein sollten, ihre Kinder und Enkel weiterhin guten Gewissens in ein Depeche Mode-Konzert lassen. Depeche Mode ist 30 Jahre dabei und damit war es Zeit für eine Biographie. Die Jungs sind ansonsten harmlos: Sie wollten immer nur spielen. Und das tun sie auch heute noch. – KEN.

Taschenbuch: 384 Seiten; Heyne Verlag, München;
ISBN: 978-3-453640-50-4

Micaela Schäfer
»Lieber nackt als gar keine Masche«

Micaela Schäfer ist der (!) Nackedei der Nation. Sie liebt es hüllenlos, wo auch immer ein öffentlicher Auftritt winkt, sei es in irgendwelchen »Holt-mich-hier-raus«-Shows, bei BILD oder in TV-Interviews, in denen sie »very flirtitious« jedem Moderator tief in die Augen blickt, während der ein paar Zentimeter tiefer auf 525 Gramm Silikon pro Brust starrt und sich fragt, wie das wohl hält.

»Sei schlau, zieh dich aus!«
Micaela Schäfer (* 1. November 1983, Leipzig) erfüllt Erwartungen oder besser den oberflächigen Mist, von dem sie meint, dass ihre Zielgruppe ihn erwartet. Okay, Heidi Klum konnte sie deshalb in der Top-Modell-Serie nicht überzeugen, dafür räkelte sie (Micaela Schäfer) sich im Posing zu oberflächlich, um wirklich feine Erotik auszustrahlen. Aber sie hat noch viel vor, sieht sich erst bei 50 Prozent ihres Wegs, wie sie sagt. Trotzdem spricht sie schon mal von Mutterschaft und signalisiert damit öffentlichkeitswirksam Interesse.

Was sie selbst von Männern erwartet, kann man/Mann/der Zukünftige zwischen den Zeilen von »Lieber nackt als gar keine Masche« herauslesen. Ein gefeierter Holywood-Star mit ein paar Zentimeter zu wenig zwischen den großen Zehen wäre ihr danach sicher nicht genug. Dann schon eher der Kerl, der mit einem riesen Ding auf der Erotikmesse, für die sie seit Jahren wirbt, life eine Pornodarstellerin vögelt, während die Zuschauer wild drauf losknipsen.

In ihrem Buch, nennen wir es ihre Biografie, schmuddelt Micaela Schäfer ordentlich mit. Sie beschreibt ihren Weg von der Geburt als Tochter eines Brasilianers und einer Deutschen aus den Plattenbauten der ehemaligen DDR bis hin zum C- bis maximal B-Promi. Dazu steht Micaela Schäfer.

Ihre persönlichen Stars sind ihre Mutter und ihre Oma. Auch wenn die Familie so ziemlich mittellos unterwegs war, erlaubte Mama ihrer 15-jährigen Tochter die erste Schönheitsoperation an der Nase und am Kinn. Mit 18 waren zum ersten Mal die Brüste dran, die sie nach und nach um mehr Silikon aufstockte. Auch die Zähne wurden verschönert, hier und da ließ Michaela Schäfer »unterspritzen«. 54.000 Euro kostete ihre Zusatzausstattung – bis jetzt.

Denn eines ist für Micaela Schäfer klar, sie gestaltet ihr Leben, ihren Körper – alles. Besser das, als gar keine Masche. Und damit ist sie zumindest bekannter geworden als all die Zicken in ihrer Klasse, die nichts mit ihr zu tun haben wollten und bis zu ihrem mäßigen Abgangszeugnis mit mittlerer Reife im Jahr 2000 besser proportioniert waren als sie selbst.

Seitdem inszeniert sich Micaela Schäfer als hübsches Luder – immer so, dass ihr der Beziehungsernstfall erspart bleibt. Der könnte schließlich ihre Karrierepläne durchkreuzen, die längst vor ihrer Wahl zu Miss Ostdeutschland 2004 begonnen haben. Denn zielorientiert, mindestens das, das ist sie, seit sie als junges Mädchen irgendwelche Models aus Zeitschriften ausschnitt, ihre eigene Collage als Star schuf und seitdem bedient, was diesem oberflächlichen Bild entspricht.

Dazu gehört der Vater, den sie nicht kannte, Generationen von Frauen in der Familie, die schwer zusammenhalten und Männer im Prinzip für doofe und geile Objekte halten. Dazu gehört ein ziemlich schwacher Schulabschluss mit Mathe: 6 und Deutsch als Bestnote mit 4 mündlich und 3 schriftlich. Dazu gehört eine klare Ansage, dass auch sie nur einmal lebt und daher an sich herumoperieren lässt, was die Haut hält.

Ach ja, eine Abtreibung gehört auch dazu: »Oh mein Gott«, wobei sie gerade nicht wusste, wer sie da in die achte Woche hineingeschwängert hatte. Auch dass sie Botox nicht mag, weil ein Lächeln danach genau so nichtssagend ist wie ein ernsterer Gesichtsausdruck, gehört dazu. Schließlich gibt es andere Mittel, die Lippen aufzupeppen.

Als ich Michaela Schäfer zum ersten Mal in meinem Leben im Fernsehen sah, dachte ich nur: Oha! Weiß denn niemand vorher, wie unterspritzte Lippen hinterher aussehen? Und sollte sie wirklich Mutter werden: Plastik ist doch Gift, das Säuglinge nicht gleich über die Muttermilch aufnehmen sollten. Irgendwann dachte ich an eine weibliche RoboCop aus dem Silicon Valley, schaltete die Optik aus (schwer genug) und lauschte nur noch der säuselnden Stimme der Sirene, die danach übrig blieb.

Okay. Das war nett, auch wenn aus Micaela Schäfer nichts wirklich Schlaues herauskam außer eben Micaela. Den Moderator hatte sie fest im Griff. Seine Augen hätte ich mit der flachen Hand abschlagen können, ohne die Nase zu berühren, wie wir als Jugendliche sagten. Seine Stimme klang nach »Die würde ich gerne mal flachlegen!«, »Hoffentlich mache ich dabei die Einlagen nicht kaputt!« und »Schaffe ich es wirklich, dieses Dornröschen wachzurütteln, weil Küssen wegen meiner Kunststoffallergie vielleicht doch nicht geht?«

Das alles wäre kein Problem. Denn Micaela Schäfers Prinz wüsste nach »Lieber nackt als gar keine Masche« ziemlich genau, was geht und was nicht. Vorausgesetzt, er kann diese Gebrauchsanweisung für Deutschlands bekanntesten Nackedei lesen und hat ein entsprechendes Textverständnis. Was im Übrigen für eine Inszenierung wie Micaela Schäfer gar nichts heißen muss: Ihre Biografie ist Teil davon und damit auch Pflichtteil des Gesamtprodukts.

Ich habe aus Neugier alles abgezogen, was nicht zum Kunstprodukt Micaela Schäfer gehört. Gefühlt blieb danach ziemlich wenig oder ziemlich viel übrig. Ich entschied mich für wenig und dachte: Da hätte mehr draus werden können. Und die Körbchengröße wäre dabei ziemlich egal. – KEN.

Micaela Schäfer
»Lieber nackt als gar keine Masche«
Taschenbuch: 208 Seiten; Heyne Verlag, München;
ISBN: 978-3-453603-10-3

Bonusmaterial

Viele junge Journalisten würden gerne über die große, weite Welt schreiben. Ole Helmhausen tut es. Leidenschaftlich, begeistert, immer auf der Suche nach dem besonderen Thema, der besonderen Begegnung in einem weiten Land. Der gebürtige Westfale aus Rheda-Wiedenbrück ist seit Jahrzehnten einer der am meisten gelesenen Reisejournalisten für Kanada und die USA – ein Globalscout.

Als wir uns vor ziemlich genau 35 Jahren kennen lernten, waren unsere Haare noch lang und die Bärte voll. Wir buchten billige Interrail-Tickets und fuhren bis hinunter nach Malta. Dort waren wir gemeinsam die ersten Gäste unserer Privatvermieter, die sich auch nach 20 Jahren an uns erinnerten.

Zwischen Studium und »richtigem Leben« reisten Ole und ich gemeinsam über Dänemark nach Norwegen, übernachteten an heimeligen Fjorden und schwärmten von den Wikingern. Manchmal tun wir das noch immer, Ole in Montreal am St. Lorenz-Strom, ich in Stuttgart am Neckar. Der Vergleich humpelt ein bisschen wie der von Äpfel und Birnen. Ganz sicher jedoch teilen wir weiterhin die Leidenschaft fürs Schreiben.

Dabei haben wir längst unsere alten Olympias gegen Computer ausgetauscht. Ansonsten bleiben wir dran, wittern Fährten, lesen Spuren, schreiben Bücher ... – und lieben, was wir tun.

Indianer, Bären und Vulkane

Ole Helmhausen schreibt über Kanada – ein Interview von Peter Kensok

Seit diesem Foto hat sich die Literaturliste von Ole Helmhausen wesentlich erweitert.

PETER KENSOK: *Warum ist gerade Kanada dein Lebensmittelpunkt geworden?*

OLE HELMHAUSEN: Es ist Kanada, weil ich hier meine jetzige Frau kennen gelernt habe. Wäre Danielle Amerikanerin gewesen, würde ich jetzt wahrscheinlich in Phönix, Los Angeles oder in New York sitzen.

P.K.: *Was kannst du besonders gut?*

OLE HELMHAUSEN: Ich kann mich besonders gut intuitiv auf eine Geschichte einlassen. Ich kann gut recherchieren, denn das ist im Vorfeld unheimlich wichtig. Egal ob dein Interviewpartner in Oregon den Winter in einer Höhle überlebt hat, was völlig crazy ist. Oder ob er irgendein Wirtschaftsboss in Detroit ist. Du stellst eine Beziehung her, die über das Geschäftliche hinausgeht. Und je mehr du deine Gespräche vorbereitest, umso besser werden sie.

P.K.: *Wie gehst du als Einzelgänger mit der Anerkennung für deine Arbeit um?*

OLE HELMHAUSEN: Feedback wäre für mich das bessere Wort. Und wenn es nur eine Zeile sein sollte, die mir zeigt, dass sich jemand irgendwie mit meiner Arbeit auseinandergesetzt und sie gelesen hat. Oft ist es leider anders: Du schreibst ein Buch und investierst darin nicht nur acht Stunden pro Tag, sondern richtig Lebenszeit. Du denkst weiter über dein Buch nach, wenn der Computer längst aus ist und nimmst deine Fragen mit ins Bett. Und am nächsten Morgen sind sie immer noch da.

Ein bisschen mehr Feedback darf's sein

Für einen 40.000-Zeichen-Report habe ich einmal drei Wochen täglich vorrecherchiert und Interviewpartner sondiert. Das ist hier nicht einfach, dies ist schließlich Kanada, und manchmal liegen zwischen den Gesprächspartnern 5.000 Kilometer und du kannst bis zuletzt nicht genau einschätzen, ob sich die Begegnung lohnt. Du gehst also viele Risiken ein, verbringst dort eine Woche, schleppst einen Fotografen mit. Und alles muss organisiert werden.

Dann bist du wieder zu Hause und schreibst, arbeitest dich ein in Vulkanologie, Geologie, in Seismologie und wie diese ganzen Logien heißen, um dieses Wissenschaftsdrama zu gestalten. Dann schickst du die Geschichte weg. Sie ist schließlich bestellt und vorbezahlt; du denkst dir, du hast noch nie eine so tolle Geschichte geschrieben. Und dann hörst du fast vier Monate lang nichts. Das absolute Minimum wäre: Herr Helmhausen, wir haben ihre Geschichte erhalten. Wir melden uns später wieder, da es im Moment nicht geht. – Und selbst das ist oft nicht so.

P.K.: *Bei dir kommt hinzu, dass du dir deine Geschichten auch körperlich erarbeitest ... Ein guter Journalist muss immer wieder auch vor Ort sein.*

OLE HELMHAUSEN: Ein guter Journalist muss raus und körperlich zumindest so fit sein, dass ihn seine zwei Beine zum nächsten Termin tragen. Da ich meine Vulkan-Geschichte für ein Wissenschaftsmagazin nicht vergeigen wollte, habe ich klar auch körperlich trainiert: Ich wollte sicher sein, dass ich da hoch komme. Das gleiche gilt für Expeditionsgeschichten wie die über das Kanu-Paddeln oder Wanderungen durch Gegenden, in denen Grizzlys leben. Ich kann mir nicht erlauben, auf halbem Weg zu kapitulieren, wenn mir meine Verlage und Partner solche anspruchsvollen Reisen ermöglichen.

P.K.: *Was waren deine nachhaltigsten Begegnungen in Kanada?*

OLE HELMHAUSEN: Ein Indianer Anfang dreißig von den Ojibwa auf Manitoban Island hat mich sehr beeindruckt. Er versuchte seine Leute über den Tourismus aus den Reservaten der Dritten Welt in die Erste Welt hoch zu hieven, schuf Arbeitsplätze und machte sie stolz auf ihre Stammeskultur. Gleichzeitig wollte er sein Volk auf die Touristen von auswärts vorbereiten, die wissen möchten, wie die Indianer damals und heute gelebt haben. Er war ehrlich bemüht, hoch intelligent und wortgewandt. Dann haben mich immer wieder Leute bewegt, die ihr Leben im Alter von 50 oder mehr umdrehten, um etwas zu tun, das mit ihrem vorherigen Leben überhaupt nichts gemeinsam hat. Mich beeindruckt ihre Kompromisslosigkeit, ihr Mut, mit dem sie Berge versetzen, ohne auch nur einen Gedanken daran zu verschwenden, dass sie das eigentlich nicht dürften, weil sie doch schon älter sind oder das Geld nicht haben. Solche Leute gibt es in Nordamerika weit mehr als in Deutschland mit seinen engen Strukturen. Dort denkt man in festen Bahnen, hat seinen Job vielleicht bis 60 und geht dann in Rente. Das Leben hört hier mit 60 nicht auf.

Bild und Text: Peter Kensok

Ole Helmhausen finden Sie unter www.olehelmhausen.de
out-of-canada.olehelmhausen.de
Polyglott/APA Guides: www.polyglott.de
Marco Polo: www.marcopolo.de
Dumont: www.dumontreise.de
Baedeker: www.baedeker.com
Dumont Bildatlas: www.mairdumont.com/de/dumont_bildatlas.html
National Geographic Deutschland: www.nationalgeographic.de

Christoph Krüger und Peter Kensok
»Das neue Verhandeln«

Die meisten Empfehlungen für erfolgreiches Verhandeln zielen darauf ab, um (fast) jeden Preis zu siegen und den Verhandlungspartner in die Knie zu zwingen. Verhandlungen wecken in uns Ur-Instinkte, Emotionen sind unsere eigentlichen Verhandlungsführer. Sieg oder Niederlage – dazwischen gibt es nichts. Ein Grund, aus dem wir für den kurzfristigen Erfolg die Chance auf eine – für beide Seiten – tragfähige Lösung zerstören, bevor sie überhaupt entstehen kann.

Regelmäßig scheitern Verhandlungen an unbewussten Verhaltensmustern und nicht an den tatsächlichen Rahmenbedingungen. Erfolgreich Verhandelnde wissen um diese evolutionären Programme. Sie nutzen diese geschickt für ihre Zwecke, ohne sich von diesen emotional geleiteten Programmen steuern zu lassen.

Christoph Krüger und Peter Kensok haben die Erfahrungen aus unzähligen (internationalen) Verhandlungen und Erkenntnisse aus der Verhaltens-psychologie in dieses Buch einfließen lassen. Klar strukturiert und mit vielen Beispielen zeigen die Autoren, wie Sie das traditionelle Schlachtfeld der Verhandlung verlassen, wie Sie entspannter und erfolgreicher verhandeln und tragfähige Lösungen entwickeln. Ganz nach der Moshe-Feldenkrais-Regel »Wenn du weißt, was du tust, kannst du tun, was du willst« entwickeln Sie Ihren ganz persönlichen, optimalen Verhandlungsmodus, der Effizienz und Effektivität auf eine verblüffend einfache Weise verbindet.

Broschiert: 232 Seiten; BusinessVillage, Göttingen;
ISBN: 978-8-69801-72-8

Peter Kensok, Katja Dyckhoff
»Der Wertemanager«

Die Werte-, Rollen- und Metaprogramm-Analyse für Menschen in Entscheidungssituationen – Wer ein effektives und schnelles Wertemanagement im Coaching, in der Beratung und im Selbstmanagement will, für den ist »Der Werte-Manager« eine Pflichtlektüre. Mit diesem idealen Handwerkszeug finden Sie innerhalb kürzester Zeit heraus, wie Sie Ihre Werte in Ihren unterschiedlichen Rollen verwirklichen. Gleichzeitig haben Sie mit Hilfe der einbezogenen Metaprogramme ein Mittel für die präzise Diagnose von Stärken, Schwächen und Handlungsmöglichkeiten.

»Edelsteine werden erst durch ihre gute (Ver)fassung zum wertvollen Schmuck. Diese Leistung ist den Autoren mit dem Werte-Thema voll und ganz gelungen.« — Cora Besser-Siegmund & Harry Siegmund

»Peter Kensok und Katja Dyckhoff haben mit dem Werte-Manager eine Vorgehensweise entwickelt, die Bestandsaufnahme, Selbstentdeckung und Selbstentwurf zu einer ökologischen Ganzheit verbindet. Eine Coaching-Methode, der ich wünsche, dass sie die Rezeption findet, die sie verdient.« — Klaus Grochowiak

Taschenbuch: 198 Seiten; Junfermann Verlag, Paderborn;
ISBN: 978-3-873875-95-1

Peter Kensok
»Der Werte-Manager – das Arbeitsbuch«

Wertemanagement muss einfach, praktisch und lösungs-orientiert sein, wenn es einem selbst, einem Angehörigen, Mitarbeiter, Klienten oder dem eigenen Unternehmen wirklich dienen soll. Peter Kensok, Co-Autor von »Der Werte-Manager« (2004), entwickelte ein Verfahren, mit dem jeder seinen Standort schnell und einfach bestimmen kann.

Das Arbeitsbuch zum Werte-Manager ist eine neue Anleitung für Werte-Manager mit Analysen und Deutungen von Werten und Rollen einzelner Personen und eines Teams und für Laien wie für professionelle Trainer und Coachs gleichermaßen nützlich.
»Sie und Ihr Team sollten sich mehr wert sein, als aus einer vorgegebenen Liste Begriffe anzukreuzen, die Sie dann Ihre Werte nennen«, sagt Peter Kensok, »denn Ihre Werte sind in ihrer Kombination so individuell wie Ihr Fingerabdruck.«

Broschiert, 130 Seiten Südwestbuch Verlag, Suttgart;
ISBN: 978-3-942661-39-3

Peter Kensok
»Der Werte-Manager –
das Arbeitsbuch« auf Russisch

Im Februar 2014 erschien das Arbeitsbuch zum Wertemanagement auf Russisch! Inzwischen wurden sogar die ersten Trainer für das Thema Wertemanagement in Russland zertifziert.

Die Einführung ist ein interkulturelles Projekt. Und die Übersetzung des Originaltitels lautet: »Die Kunst, die Kraft der Werte freizusetzen«.

Hardcover, 130 Seiten Werner Regen Verlag, St. Petersburg und Gera;
ISBN: 978-3-944096-05-6

Dr. med. Eberhard Jörg und Peter Kensok

»Das Myoreflexkonzept – Schmerzfrei mit aktiven Muskeln«

Operationen am Skelett-, Muskel-, oder Sehnenapparat sind selten eine dauerhafte Lösung bei Schmerzen. Auch der spektakuläre Austausch von Hüft-, Knie und Schulter- gelenken ändert schädliche Bewegungs- und Haltungs- gewohnheiten nicht. Die Myoreflextherapie setzt dort an, wo die meisten Beschwerden ihre Ursachen haben: am Muskel. Dieses innovative Konzept berücksichtigt entwicklungsgeschichtliche, psy- chologische und physiologische Faktoren ebenso wie die Ernährung, die Energie- und die Organlehre der Traditionellen Chinesischen Medizin (TCM). Damit trägt sie über die Grenzen der westlichen Schulmedizin hinaus zur Gesundheit bei.

»Schmerzfrei mit aktiven Muskeln« bedeutet: Muskeln, die sich in ei- nem ebenso harmonischen wie dynamischen Gleichgewicht befinden! Für eine schmerzfreie Gesundheit muss man kein Leistungssportler sein. Ärzten, Patienten und allen, die ihrer Gesundheit mit Respekt begegnen, vermittelt das Myoreflexkonzept die Grundlagen für die schmerzfreie Lebensfreude durch Bewegung.

Broschiert, 155 Seiten systemed Verlag, Lünen;
ISBN: 978-3-942772-49-5

Peter Kensok
»Best of www.buecher-blog.net – Band 1«

In Deutschland werden jedes Jahr gut eine Milliarde Bücher hergestellt. Auf bis zu 450.000 werden die lieferbaren Titel geschätzt. Jedes Jahr erscheinen allein in Deutschland gut 100.000 neue Bücher, meistens noch auf Papier, immer mehr jedoch zusätzlich in elektronischer Form.

Sich in diesem Bücher-Dschungel noch zurechtzufinden, ist ziemlich schwierig. www.buecher-blog.net ist eines der Portale im Internet, in dem – deshalb und durchaus subjektiv – über Bücher berichtet wird.

Taschenbuch: 150 Seiten; Südwestbuch Verlag, Stuttgart;
ISBN: 978-3-942661-46-1

Peter Kensok
»Best of www.buecher-blog.net – Band 2«

Der zweite »Best of«-Band erschien im Dezember 2012. Wieder reich und unterhaltsam gefüllt mit Tipps zu Neuerscheinungen und einigen wenigen Büchern, die immer neu bleiben werden.

Nicht jeder mag (nur) am Bildschirm lesen. Bücher in die Hand zu nehmen, ist noch immer ein Stück Lebensqualität. Und »Best of www.buecher-blog.net« trägt auf seine Weise dazu bei.

Taschenbuch: 181 Seiten; Südwestbuch Verlag, Stuttgart;
ISBN: 978-3-942661-38-6

Peter Kensok
»Best of www.buecher-blog.net – Band 3«

Bei der Auswahl der Bücher in diesem Band haben Leser der Portale Globalscout und buecher-blog.net wieder mitgeholfen. Lassen Sie sich unterhalten, informieren und inspirieren! Das geht natürlich auch über die namengebenden Portale.

Aber Bücher sind eben Bücher, und in den »Best of www.buecher-blog. net« haben auch »Evergreens« eine Chance. So wie Jim Thompson, der Stephen King der 1950er Jahre. Höchst aktuell dagegen ist Jane McGonigal mit ihrem Plädoyer für das Lernen von Computerspielen. Die Zeiten ändern sich. Lesen wird bleiben.

Taschenbuch: 160 Seiten; Südwestbuch Verlag, Stuttgart; ISBN: 978-3-942661-27-0

Peter Kensok
»Best of www.buecher-blog.net – Band 4«

»Best of www.buecher-blog.net« – der vierte Band. Dahinter steckt eine Menge Leidenschaft und Arbeit. Gerade die Arbeit taucht als leitendes Thema in den Besprechungen immer wieder auf. Ist sie ein Grundrecht, ein Grundbedürfnis? Wie macht sie aus anfangs mitarbeiterorientierten Führungskräften Soziopathen? Hat »das System« Schuld an Burnout und schlimmerem Phänomenen? Und wie kommt beispielsweise jemand mit den Alternativen zum bisherigen Arbeitsleben zurecht?

Besuchen Sie gerne die Portale Globalscout und buecher-blog.net! Reisen bringt Sie weiter, und Lesen ist ein bisschen Kurzurlaub zwischendurch.

Taschenbuch: 160 Seiten; Südwestbuch Verlag, Stuttgart; ISBN: 978-3-944264-38-7

Peter Kensok
»Best of www.buecher-blog.net – Band 5«

Genuss ist sinnlich und dadurch – je nach Autor, Verlag und Aufwand des Herstellers – höchst individuell. Layout, Gewicht und Papierqualitäten spielen eine Rolle. Also lesen Sie nach den Informationen auf www.buecher-blog.net am besten ein richtiges Buch auf richtigem Papier, selbst wenn dafür irgendwo ein Baum gefällt werden musste.

Bücher fühlen sich eben an – so wie »Best of www.buecher-blog.net – Band 5«. Sie sind Seite für Seite ein Genuss. Ihr Gehirn sagt Danke. Viel Spaß bei Ihrer sinnlichen Erfahrung mit diesem großartigen Medium und den Autoren, die Sie auch in diesem Band wieder kennen lernen werden!

Taschenbuch: 150 Seiten; Südwestbuch Verlag, Stuttgart;
ISBN: 978-3-944264-64-6

Patenschaften

www.buecher-blog.net ist aus der Leidenschaft fürs Lesen heraus entstanden. Lesen ist für mich ein unabhängiges Bedürfnis. Unabhängig deshalb, weil es bei den Tausenden von Büchern, die jedes Jahr neu erscheinen, ein Glücksfall ist, wenn jemand zufällig gerade das gleiche Buch gelesen hat und ich mit ihm darüber reden könnte. Meine Frau gehört manchmal dazu, wenn sie einen Band von meinem Nachttisch stibitzt und endlich wissen will, worüber ich mich gerade so herzlich amüsiere. Und dabei geht es nicht nur um »Harry Potter« oder etwas von Tolkien.

Schreiben ist seit fast 30 Jahren mein Hauptberuf. Es lag also nahe, die eigenen Eindrücke zusammenzufassen und sie auf eine moderne Weise mit dem Rest der deutschsprachigen Welt zu teilen. Ich freue mich jeden Tag über die Besucher der Homepage und die ermutigenden Rückmeldungen.

Das Portal wie auch das vorliegende Buch sind redaktionell unabhängige Projekte. Weder die Verlage noch die Autoren haben Einfluss darauf, welche Bücher auf www.buecher-blog.net besprochen werden oder welche in den »Best of«-Bänden erscheinen. Das bleibt allein der Redaktion vorbehalten.

Trotzdem gibt es die Möglichkeit, buecher-blog.net und die »Best of« zu unterstützen. Zum Beispiel, indem Sie dieses Buch mehr als nur einmal kaufen. Sie können es zum Beispiel verschenken oder es als Geschenkimpuls nutzen: »Du darfst dir aussuchen, welche Bücher daraus du lesen möchtest. Dafür gilt dann der Gutschein ...« – So lösen die »Best of« vielleicht das eine oder andere Problem, wenn wieder einmal vollkommen unerwartet Muttertag oder Weihnachten ist.

Gut finde ich auch die Idee eines Kollegen, der seinen Klienten »Best of www.buecher-blog.net« mit einer Leseempfehlung überreicht. Er legt dann ein Kärtchen zum entsprechenden Artikel oder setzt seinen Firmenstempel mit einem freundlichen Gruß unter die entsprechende Seite. Platz für solche Notizen ist genug vorhanden. Vielleicht machen auch Sie auf diese Weise jemandem mit einem Impuls aus dem Ratgeberkapitel eine Freude oder helfen ihm, im Reiseteil für den nächsten Urlaub vorzuglühen. Mit Vorsicht zu genießen wären dagegen Empfehlungen aus dem Kapitel Spannung. Damit es keine Missverständnisse gibt: Die Thriller sollen Unterhaltung bleiben und nicht zum Nachmachen anregen! Die Bösen werden ohnehin meistens erwischt.

Wer außer Lesen und Verschenken noch mehr für buecher-blog.net tun möchte, kann Patenschaften* übernehmen, beispielsweise für eine beliebige Anzahl Redaktionsstunden. Abgesehen vom Lesen dauert die redaktionelle Aufbereitung jedes Buchs zwischen zwei und vier Stunden. Wenn Sie als Privatperson oder Firma dies finanziell unterstützen möchten, wenden Sie sich unter dem Betreff »Patenschaften« per Email gerne direkt an die redaktion@buecher-blog.net.

Outen Sie sich als Leser! Ich tue das auch.

Peter Kensok

---

* Auch Paten haben keinen Einfluss auf die Auswahl der besprochenen Bücher und die Inhalte der Beiträge. Ein Rechtsanspruch auf Patenschaften besteht nicht. Paten werden auf Wunsch im jeweils aktuellen Band genannt.

Paten dieser Ausgabe:

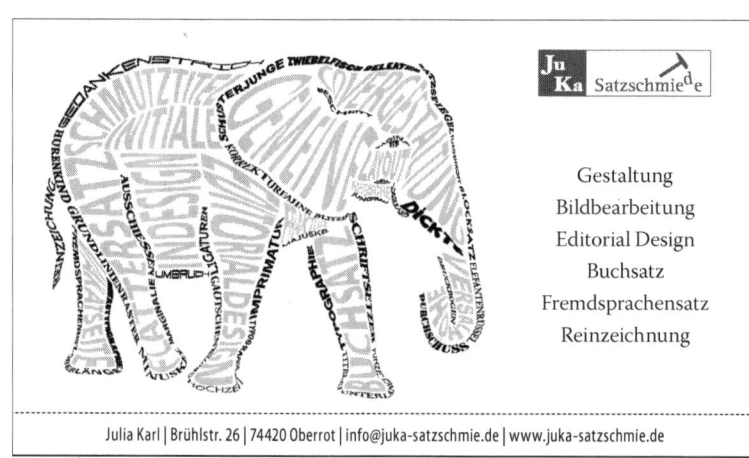